CADRE :
ce n'est qu'un rôle,
mais quel rôle !

André-A. Lafrance
François Montreuil

CADRE :
ce n'est qu'un rôle,
mais quel rôle !

 Éditions
Nouvelles

division de Production et Édition ASMS Inc.

5000, rue Iberville, bureau 218 ❖ Montréal, Qc H2H 2S6
Tél.: (514) 355-9718 ❖ Téléc.: (514) 355-0214
Courriel : editionsnouvelles@videotron.ca

Catalogage avant publication de Bibliothèque et Archives Canada

Lafrance, André, 1944-

Cadre : ce n'est qu'un rôle : mais quel rôle!

(Collection La cadre des cadres)

Comprend des réf. bibliogr.

ISBN 978-2-923446-24-0

1. Cadres (Personnel). 2. Personnel – Direction. 3. Leadership. 4. Gestion. I. Montreuil, François. II. Titre.

HD38.2.L33 2011   658.4   C2011-941114-8

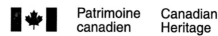

Nous reconnaissons l'aide financière du Gouvernement du Canada par l'entremise du Fonds du livre du Canada pour nos activités d'édition.

Conception graphique : Ateliers Prêt-Presse

© Copyright – Montréal 2011
Éditions Nouvelles AMS

Dépôt légal: Bibliothèque et Archives nationales du Québec, 2011
Dépôt légal: Bibliothèque et Archives nationales du Canada, 2011

ISBN-13 : 978-2-923446-24-0

Ce livre est également disponible en format électronique :
ISBN 978-2-923446-27-1

Table des matières

Introduction

Devenir cadre, c'est choisir d'assumer la responsabilité d'une équipe de travail. C'est prendre la responsabilité ultime de ses décisions. C'est se voir reconnaître la capacité d'organiser la réalisation des objectifs qui lui sont confiés, de faire évoluer ses collaborateurs dans leurs compétences et leur motivation. C'est contribuer de façon majeure au succès de son entreprise.

Et pourtant, on parle beaucoup, en ces temps de turbulences économiques, du « malaise des cadres ». On accumule les inconforts de toutes natures. Des entreprises et des administrations peinent à trouver des candidats pour les postes de cadres, car leurs tâches sont de plus en plus difficiles à délimiter dans un environnement de changements accélérés et de restructurations périodiques, et les rémunérations sont tout aussi difficiles à établir à leur juste valeur dans un contexte de pressions syndicales et de contestation sur la place publique. La passion s'étiole, l'intérêt s'amenuise. La compétence se noie dans les détails, l'expérience s'égare dans une forêt d'indicateurs et de tableaux de bord totalement étrangers au climat de l'entreprise. Les dirigeants sont mutés, les directives sont modifiées, les directions sont inversées.

Mais le feu de la passion est toujours là. La flamme continue à réchauffer, malgré tout, la motivation de milliers de cadres. Ils n'attendent qu'un souffle pour embraser les nouveaux défis offerts par les technologies et la mondialisation.

Ce souffle, garantissant la santé et la performance des cadres, ainsi que celles de leurs entreprises, ne pourra naître que d'une réflexion approfondie sur le rôle de ces cadres. Or, l'accélération des échanges dans les différents marchés et la réactivité imposée par les fluctuations boursières amènent trop souvent les décideurs à négliger cette réflexion. Pour aider ces décideurs à tenir compte des besoins des cadres qui sont leurs relais dans la réalisation des objectifs de leurs entreprises, et pour offrir à ces cadres un « cadre de vie » susceptible de leur redonner le « plaisir » qu'ils doivent trouver dans leur activité, nous proposons de revenir aux fondements mêmes de leur présence au sein de l'entreprise.

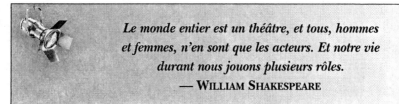

Le monde entier est un théâtre, et tous, hommes et femmes, n'en sont que les acteurs. Et notre vie durant nous jouons plusieurs rôles.
— WILLIAM SHAKESPEARE

Nous vous proposons donc un cadre d'action basé sur un rôle dans une pièce un peu spéciale : celle de votre entreprise. Quand nous utilisons le terme « entreprise », nous faisons référence à toute organisation qui a pour but de fournir un bien ou un service à ses clients. Votre entreprise peut avoir toutes sortes de clients : des consommateurs, des bénéficiaires, des citoyens… Mais ce sont toujours des clients. Dans votre pièce de théâtre, ce sont des spectateurs participants. Ils ont payé, par leurs achats, leurs abonnements ou leurs impôts, afin de tirer un profit de votre pièce sous forme de satisfaction d'un de leurs besoins, que ce dernier soit de nature primaire, secondaire ou tertiaire selon les classements des théoriciens de la relation entre fournisseur et client d'une entreprise.

Il s'agit d'une pièce de théâtre un peu particulière. Le contexte vous est imposé : l'entreprise qui vous a engagé comme cadre a déjà défini les règles du jeu, mais c'est à vous de

> *Le théâtre est le premier sérum que l'homme*
> *ait inventé pour se protéger de la maladie*
> *de l'Angoisse.*
>
> — JEAN-LOUIS BARRAULT

construire votre mise en scène et d'écrire vos répliques. Votre rôle est un « premier rôle » non seulement parce qu'il entraîne le jeu des autres acteurs plus spécialisés, mais aussi parce que vos paroles et vos actions mettent en scène celle des autres. Contrairement au metteur en scène habituel, votre travail n'est pas terminé et vous ne quittez pas la scène au moment où l'action commence. Vous êtes toujours dans l'action et c'est par cette action que vous réalisez la mise en scène de votre équipe.

Il ne s'agit pas, néanmoins, d'un théâtre d'improvisation. Contrairement aux règles des jeux d'improvisation, vous avez le temps et la responsabilité de planifier votre jeu et de concevoir vos interventions, même si vous devez les ajuster par des interventions continuelles dans l'évolution de la pièce qui est en train d'être jouée.

Dans ce livre, nous allons revoir ensemble les « règles du jeu ». Mais le jeu vous appartient. Nous n'avons pas la prétention de vous dire quoi faire. Toutefois, nous allons avec vous revoir les conditions de ce jeu.

> *La vie est pièce de théâtre : ce qui compte, ce n'est*
> *pas qu'elle dure longtemps, mais qu'elle soit bien*
> *jouée.*
>
> — SÉNÈQUE

Il existe des centaines de livres, d'ouvrages et de cours traitant de la gestion d'une entreprise et de ses ressources humaines. Nous ne visons pas à ajouter une nouvelle théorie à celles qui circulent déjà, ou un nouveau terme «gadget» à ceux qui se présentent sous forme de potions magiques pour cadres inquiets.

Nous nous intéressons à la «vraie vie» afin de vous proposer des pistes à suivre et des comportements à adopter en tant qu'individu dans un rôle de cadre. Nous décrivons aussi des attitudes à adopter face à des situations que tous les cadres ont à gérer un jour ou l'autre. Ainsi, vous n'aurez plus l'impression de n'être qu'un fantôme dans cette pièce que présente votre entreprise à ses clients.

Au cours de la lecture, nous allons vous offrir des «flashes» différents. Identifiées par des projecteurs, des phrases éclaireront, parfois de façon surprenante, le point que nous viendrons d'exposer. Nous les avons retenues non pas à cause de leurs auteurs (certains sont fort peu connus), mais en raison de leur apport original, et complémentaire, à l'éclairage qui couvre notre sujet.

Comme tous les premiers rôles du théâtre, vous pourrez mettre un peu plus d'accent sur l'un ou l'autre de ces flashes pour moduler l'éclairage de votre scène. Le retenir, le renforcer ou le déplacer. C'est vous qui êtes sur scène. C'est votre représentation. Ajustez les éclairages à vos besoins et à vos priorités. Notre rôle, à nous, c'est de vous accompagner, de vous soutenir «à la lumière» de nos expériences, de nos observations et de nos analyses. C'est à vous de jouer votre rôle dans la pièce que vous avez choisie ou dans la pièce pour laquelle on vous a choisi.

En fait, notre premier but, c'est de vous rappeler que le rideau se lève aussi sur vous, et de le rappeler à ceux qui vous entourent, grands patrons comme employés. Vous avez peut-être l'impression parfois d'être relégué aux coulisses quand la pièce commence. On vous fait nettoyer la scène, monter les décors et, peut-être en cas d'urgence, jouer les doublures des grands patrons ou des employés en incapacité temporaire. Et pourtant, vous avez un premier rôle, et ce premier rôle, cela ne se joue pas à partir des coulisses. Le rideau se lève aussi pour vous. À vous d'occuper la *scène !*

Une dernière remarque avant d'entrer... en scène. Nous avons retenu le titre de « *cadre* » parce qu'il fait partie de notre discours quotidien. Nous ne voulions pas tomber dans l'anglophilie maladive de certains milieux qui croient valoriser la fonction en lui donnant le titre de *manager* se livrant au *management* d'une entreprise, même si le recours à un terme d'une langue étrangère ajoutait aux responsabilités spécifiques de la fonction. Nous aurions pu être tentés de parler de *gestionnaire*. Ce terme aurait l'avantage de pouvoir s'utiliser au féminin comme au masculin. Il donnerait une image plus juste de la place croissante des femmes dans cette fonction, même dans des milieux plus traditionnellement orientés vers les complicités de fratrie. Toutefois, nous avons préféré nous en tenir au terme de cadre que l'on retrouve aussi bien dans les textes corporatifs que dans les conventions collectives, car on peut être un gestionnaire de programmes techniques ou financiers sans avoir à gérer du personnel. Or, la personne à laquelle nous nous intéressons à pour mandat d'en...cadrer d'autres personnes.

On comprendra donc que LE cadre dont nous décrivons le rôle peut aussi bien être une femme qu'un homme. Les composantes de ce rôle qui nous intéressent sont les mêmes pour tous les acteurs et actrices qui l'interprètent. Si certains voient des différences d'approche de ce rôle basées sur le sexe de la personne, ils ont déjà trouvé, dans d'autres ouvrages, les fondements de leur analyse.

Mais en dehors du théâtre,
est-il une vie ?
— Gaston Baty

Partie 1

Ce n'est qu'un rôle, mais quel rôle !

1. UN GRAND RÔLE

Vous l'avez enfin ce rôle! Vous en rêviez depuis votre première entrée en scène. Vous avez d'abord dû vous contenter de faire de la figuration. Sorti de l'école ou de l'université, vous faisiez partie du chœur des anonymes chargés de soutenir, par leur présence, le jeu des acteurs qui faisaient avancer l'action. Puis vous avez obtenu un rôle spécialisé. Au théâtre, on parle parfois de «rôle secondaire». Mais nous rejetons ce terme, car il pourrait laisser entendre que vos employés n'ont qu'une importance «secondaire» dans la réalisation des objectifs de votre équipe de travail. Ce n'est pas le cas. À la différence du premier rôle que vous êtes, comme cadre, appelé à jouer, leur rôle est «spécialisé», en ce sens que leurs responsabilités portent sur une activité particulière alors que la vôtre les embrasse toutes.

Dans votre rôle spécialisé, vous aviez la responsabilité d'assurer certaines scènes indispensables au déroulement de la pièce conçue par votre entreprise. Et voilà qu'on vous donne un premier rôle. Vous allez pouvoir démontrer vos talents et imprimer à l'action une direction dont vous aviez déjà imaginé la pertinence et l'intérêt pour atteindre les objectifs de l'entreprise.

C'est d'abord l'euphorie d'avoir atteint l'avant de la scène. Vous y avez plongé tête première, prêt à battre des records dans la traversée de la Manche ou du Lac Saint-Jean. Mais vous vous êtes essoufflé. L'eau est plus froide que vous ne l'aviez imaginé. Votre corps se fatigue plus vite que vous ne l'aviez prévu. Vous avez oublié le besoin de varier le rythme de vos efforts. Et vous découvrez que la rive des succès est plus éloignée qu'elle ne semblait l'être quand vous étiez bien assis sur les bancs des figurants ou dans la barque des rôles spécialisés. Vous sentez monter en vous le découragement, la peur de ne jamais pouvoir nager jusqu'à l'autre rive.

Il vous faut reprendre votre souffle. Prenez le temps de vous laisser porter par les vagues… sans vous laisser emporter par elles. Refaites le point. Où en êtes-vous rendu ? Appréciez le chemin parcouru. Réévaluez le rythme de vos actions pour économiser vos énergies… et les rentabiliser.

Il y aura plusieurs traversées. L'important, c'est de vous rendre à l'autre rive. La prochaine fois, vous irez plus vite. Et vous finirez par battre des records. À chaque traversée, vous apprendrez. Vous en tirerez des leçons qui vous permettront d'améliorer votre performance chaque fois.

Même si vous avez maintenant un premier rôle, personne ne s'attend à ce que vous complétiez la pièce à votre première réplique, car chacune de vos répliques fera avancer l'action. Ce sera peut-être dans une direction qui semblera, pour un temps, opposée à celle que vous souhaitiez. Mais cela permettra aux autres acteurs de développer leur personnage et d'enrichir le spectacle. Ils y trouveront l'occasion de faire état de leurs propres talents. Ils vont ainsi relancer l'action et mettre en place les conditions propices à votre prochaine intervention.

Nous vous proposons de revoir la façon dont vous interprétez votre rôle sur une scène que vous devez partager avec d'autres. Votre entreprise ne cherche pas à mettre en scène des monologues. Si elle vous a confié un premier rôle, c'est qu'elle a prévu des rôles spécialisés et des figurants pour garder l'intérêt de ses clients. À vous de déterminer la place que vous leur accordez et le genre de répliques que vous voulez échanger avec eux.

> *La première chose que doivent apprendre les jeunes élèves d'art dramatique, ce n'est pas l'ivresse du théâtre, mais bien ses exigences.*
> — INGMAR BERGMAN

2. MAIS CE N'EST QU'UN RÔLE

Quand l'acteur monte sur scène, il assume le rôle qu'il est appelé à jouer avec sa propre personnalité, ses talents et ses habitudes. Certes, il puise dans son bagage personnel pour y trouver les gestes et les émotions qui doivent inspirer son personnage. Le théâtre et le cinéma nous ont montré que le même personnage n'est pas interprété de la même façon par différents acteurs, selon leurs propres expériences de situations semblables ou par la culture de leur pays ou de leur époque. Tout en respectant le texte de Molière, les acteurs de Paris, de Montréal ou de Casablanca ne jouent pas «l'Avare» tout à fait de la même façon. Personne ne reprochera à un jeune acteur, dans son examen de sortie de l'école de théâtre, de ne pas le jouer de la même façon que Louis De Funès sur la scène d'un théâtre français! Il n'y a pas de façon universelle de jouer un rôle. Mais il y en a une de respecter le déroulement de la pièce conçue par l'auteur qui est, dans le cas du cadre, la direction de son entreprise.

Ce que nous vous proposons, c'est de ne pas confondre un rôle de scène et la «vraie vie». En entreprise, vous jouez un rôle. Vous vous promettez de bien le jouer afin de contribuer à la pièce proposée par la direction. Mais ce n'est qu'un rôle. Ce n'est pas votre vie qui est sur scène. C'est celle de votre rôle. Ce qui vous arrive, dans votre rôle, dépend de ce rôle. Il n'implique aucunement le reste de votre vie. Ce qui se passe sur la scène de votre unité de travail ne concerne que votre rôle. Les autres personnages ne s'adressent pas à vous, mais à votre rôle.

Certes, votre vie influence la façon dont vous interprétez ce rôle. Vous y mettez vos valeurs et vos expériences, mais vous les exprimez à travers un rôle qui n'est qu'une partie de votre vie. Vous n'avez pas créé la pièce dans laquelle s'exerce ce rôle. Ce n'est pas votre vie qui est en jeu. C'est le rôle !

Les comportements de ce personnage de cadre que vous jouez ne sont pas nécessairement ceux que vous avez dans le reste de votre vie. Les difficultés rencontrées par ce personnage doivent rester celles... de ce personnage. L'image que vous avez de vous ne dépend pas de celle qu'on se fait du cadre que vous interprétez.

Vous avez choisi de jouer ce rôle parce que vous êtes honnêtement convaincu que votre interprétation pourra contribuer aux objectifs de l'entreprise. Vous avez évalué, en l'acceptant, que ces objectifs n'allaient pas à l'encontre de vos valeurs personnelles. Alors, maintenant, jouez ce rôle de cadre en vous rappelant que vous avez toujours la possibilité d'arrêter de le jouer. Tant que vous n'aurez pas décidé d'y mettre fin, vous devez rester dans ce rôle en sachant bien que ce n'est qu'une partie de vous-même. C'est le rôle qui parle et qui agit. C'est aussi le rôle qui peut-être acclamé, contesté, applaudi ou chahuté. Ce n'est pas votre vie entière dont le rôle n'est qu'une partie.

Dans une pièce de théâtre, il se passe toutes sortes d'événements. Le personnage de cadre que vous interprétez doit y faire face, en supporter les conséquences et passer à la scène suivante. C'est lui qui agit comme cadre ; ce n'est pas vous dans la totalité de votre personnalité. Si un supérieur vous harcèle avec ses demandes exagérées, si un employé vous crée des difficultés, c'est à votre rôle de cadre que cela s'adresse, pas à vous dans tout ce que vous êtes.

Il faut séparer ce rôle du reste de votre vie. Ainsi, ce que vous vivez ne pèsera pas sur le reste de votre vie ; et le reste de votre vie, dans ses hauts et ses bas, n'aura pas d'impact majeur sur votre performance dans votre rôle de cadre.

Nous savons bien que cette segmentation n'est pas toujours facile. Nous ne prétendons pas qu'il est possible de construire un «firewall» ou une muraille parfaite entre votre rôle de cadre et le reste de votre vie. C'est une attitude à rechercher, une habitude à développer et surtout, une défense à laquelle recourir en périodes de turbulence professionnelle.

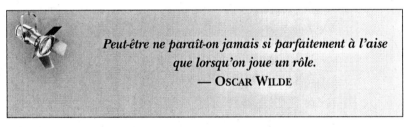

Peut-être ne paraît-on jamais si parfaitement à l'aise que lorsqu'on joue un rôle.
— Oscar Wilde

3. En dehors de ce rôle

À la fin de la pièce, l'acteur dépose son personnage dans sa loge. En sortant du théâtre, il retrouve sa propre personnalité. Certes, on entend parler de cas pathologiques d'acteurs qui n'arrivent plus à se séparer de leur rôle. Avec leur famille ou leurs amis, ils continuent à se comporter comme le personnage de leur rôle. Il y a des cadres qui se croient obligés de considérer leurs enfants ou leurs voisins comme des employés, mais ils découvrent rapidement que ces «employés» témoignent d'un inconfort ou même d'une insatisfaction dans leurs relations avec ce cadre «à plein temps».

Ce n'est qu'un rôle ! Quand le rideau est tombé, l'acteur retrouve sa vie quotidienne. Il ne pourra peut-être pas oublier les faiblesses de sa dernière représentation. Elles risquent de le hanter jusqu'à la suivante. Il cherche à trouver une meilleure façon de faire la prochaine fois. Par ailleurs, cela n'occupe pas la totalité de son temps. Il lui faut «décrocher».

Les Anglophones ont un terme pour la maladie de ceux qui n'arrivent pas à décrocher : «workaholic». C'est une dépendance tout aussi dangereuse que celles de l'alcool ou des drogues. Vous oubliez que vous avez d'autres rôles que celui de cadre, dans la vie. Vous n'avez jamais assez d'heures dans une journée pour accomplir toutes les tâches que vous vous imposez. Vous vous levez tôt pour une séance de travail au petit déjeuner. Vous consultez vos courriels dès que vous entrez à la maison. Vous restez branché à votre téléphone cellulaire les week-ends. Les nouvelles technologies de télécommunication nous rendent de grands services, elles peuvent aussi nous amener à oublier de mettre de côté notre rôle de cadre, en sortant de la scène de travail.

Et vos autres rôles ? Ceux de conjoint, de parent, d'ami ? Vous ne pourrez correctement exercer votre rôle de cadre si vous ignorez les autres rôles qui, eux aussi, font partie de votre personnalité. Certes, vous devez être capable de répondre aux urgences. Mais qu'est-ce qu'une «urgence» ? Pour qui, est-ce une «urgence» ?

Votre entreprise a besoin de quelqu'un qui, comme cadre, sait équilibrer ses différents rôles, car les autres rôles que vous ignorez finiront par vous «rattraper». Vos enfants, votre conjoint sauront bien, un jour, vous rappeler qu'ils existent. Si vous n'avez pas développé une relation constante avec eux, le moindre accident de parcours deviendra un drame qui « cassera » votre vitesse de croisière au travail. Vous serez alors appelé à inventer des solutions qui « boufferont » tout votre temps. Vous n'aurez pas à développer des habitudes de conciliation ou de négociation qui vous permettraient de sortir du problème rencontré.

Il y a bien des façons de rendre votre vie plus agréable, et plus efficace, au travail et dans le reste de votre vie. Certes, vous pouvez réduire vos heures de sommeil, mais cela risque de vous rendre moins performant au travail. Des dizaines de recherches scientifiques montrent que la fatigue réduit l'efficacité, même si la réduction des heures de sommeil semble permettre d'accomplir plus de travail. Ce dernier est alors moins efficace. La quantité devient ici l'ennemi de la qualité.

Si nécessaire, fermez la porte de votre bureau et prenez une courte sieste de 10 à 20 minutes, ce que les Anglophones appellent un « powernap ». Vous allez alors multiplier votre rendement durant le reste de la journée.

Un programme d'exercices physiques ne va pas simplement garder votre corps en forme (c'est votre principal instrument de travail), mais il va réduire la tension dans vos muscles... et dans votre cerveau.

Trouvez des occupations pour vous imposer des temps libres. Si vous n'avez pas d'enfants ayant besoin de votre attention, choisissez un passe-temps qui vous évitera de rester au travail, même quand vous aurez quitté le lieu où il s'exerce, et vous donnera de nouveaux rôles. Pratiquez un sport, apprenez quelque chose comme une nouvelle langue ou un domaine d'intérêt (l'histoire de votre ville, la généalogie de votre famille, la politique...). Donnez-vous des raisons de changer de rôle.

Et n'oubliez pas de bien scénariser votre rôle. Faites une liste quotidienne des tâches à accomplir. Et tenez-vous à cette liste. À moins d'une urgence, tout nouveau sujet devrait être porté à la liste du lendemain. Vous pourrez ainsi passer d'une tâche à l'autre sans être distrait par les incidents qui se présentent à votre attention. Certes, vous pouvez vous donner l'impression d'être très «réactif» si vous prenez en charge ce qui vient de se passer. Mais votre rôle, c'est de planifier... et cela implique aussi de planifier votre propre travail.

Conservez des temps pour la réflexion et l'étude de vos dossiers. Fermez votre porte, votre ordinateur. Les courriels vont s'enregistrer; les messages téléphoniques aussi. Habituez vos collaborateurs à respecter ces temps. Il serait peut-être bon qu'eux aussi prennent le temps de réfléchir avant de venir vous soumettre leurs «urgences».

Programmez des temps pour vos autres rôles, et ne vous laissez pas distraire par les incidents de parcours. Il est tellement facile de justifier la mise de côté des temps réservés aux autres rôles! Vous aviez prévu une activité de week-end avec votre famille ou vos amis? Est-ce vraiment nécessaire de l'annuler pour vous occuper d'un dossier qui vient de se présenter? Ce dossier ne peut-il pas attendre le lundi suivant? À moins qu'il ne soit vraiment urgent, prenez quand même connaissance des grandes lignes de celui-ci et laissez-le «mûrir» pendant que vous jouez vos autres rôles. Vous le verrez, ensuite, sous un autre éclairage et, grâce à ce recul, avec de nouvelles idées.

Vous avez choisi d'être cadre, vous avez établi les bonnes distances entre vous et votre entourage, vous êtes prudent et discret sur les informations stratégiques: la conséquence est que vous vous sentirez fréquemment isolé et oublié, et bien «ce sont les règles du jeu».

Vous aurez parfois l'impression d'être le dernier informé des problèmes vécus par vos employés, et le premier impliqué dans ceux auxquels fait face votre supérieur. Vous serez déçu de ne pas recevoir les remerciements ou les louanges auxquels vous auriez pu vous attendre. Vous constaterez qu'on vient vous voir quand ça va mal, mais qu'on vous oublie quand ça va bien.

Et alors ? C'est ça, le rôle d'un cadre ! Acceptez-le, c'est la rançon à payer pour ne plus être prisonnier des limites d'un rôle spécialisé !

D'où l'importance d'être en mesure de vous échapper, de vous réserver d'autres rôles dans votre théâtre privé. Ainsi, ce que vous vivrez dans votre rôle de cadre sera remis dans son véritable contexte : un rôle parmi d'autres !

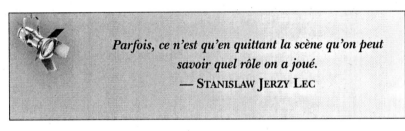

Parfois, ce n'est qu'en quittant la scène qu'on peut savoir quel rôle on a joué.

— STANISLAW JERZY LEC

4. UNE MISE EN SCÈNE À 360 DEGRÉS

Il y a plusieurs rôles dans l'entreprise. Il y a d'abord l'auteur de la pièce : celui qui a conçu les éléments qui composent la pièce et qui mènent l'action du début à la fin. C'est la direction de votre entreprise, constituée de vos supérieurs.

Dans l'acte de la pièce dont vous êtes responsable, vous avez un premier rôle. Mais il y a de nombreux actes dans la pièce de votre entreprise... et plusieurs premiers rôles. Ce sont ceux des autres cadres qui forment avec vous la structure hiérarchique de l'entreprise.

Puis il y a les rôles spécialisés, ceux qui font partie de votre équipe de travail. Votre tâche, c'est qu'ils assument leurs propres rôles sans rester de simples figurants.

Nous allons faire le tour de vos relations avec chacun de ces groupes d'acteurs. Ainsi, nous pourrons, avec vous, déterminer les éléments qui vont soutenir votre performance.

Nous allons commencer par ceux qui justifient votre présence au sein de l'entreprise : les rôles spécialisés qui sont vos employés.

 Il ne suffit pas de donner aux gens le droit de prendre des décisions pour qu'il y ait délégation de pouvoir : il leur faut aussi des outils.

— MICHAEL HAMMER ET JAMES CHAMPY

Partie 2

Les rôles spécialisés : vos employés

5. VOUS ÊTES LE CADRE, PAS LE TABLEAU

Jouons avec le terme «cadre». Regardez le cadre qui décore le mur de votre bureau au travail ou de votre salon à la maison. Lui aussi, il joue un rôle... comme vous. Un rôle de cadre !

Le cadre n'est pas le tableau. Mais il délimite le tableau et il en précise la portée par la nature ou la qualité de son importance sur le mur qui le présente.

Inséré dans une cage de verre, le tableau annonce déjà la valeur, du moins la valeur marchande, de son contenu. Le matériau du cadre, allant du bois exotique au plastique de série, témoigne de l'importance que son propriétaire accorde à l'œuvre qu'il contient et oriente souvent la perception de cette œuvre.

Quand on vous a nommé «cadre» d'une équipe de travail, les gestionnaires de l'entreprise ont choisi un «cadre» particulier. Ce choix témoigne de la volonté de l'entreprise de donner une orientation bien déterminée à l'équipe que vous serez appelé à diriger. C'est un message adressé aux membres de cette équipe. Vous êtes un spécialiste du domaine dans lequel œuvre cette équipe? On cherche à augmenter ses compétences techniques. Vous n'avez jamais travaillé en ce domaine, mais vous êtes considéré comme un habile motivateur ? On pense alors que ces employés savent ce qu'ils doivent faire, mais on a constaté qu'il y a des problèmes d'interactions qu'il faut régler.

Pourquoi vous a-t-on choisi ? Il faut que vous réalisiez que cette perception vous précède au sein de l'équipe. Certes, il faudra répondre aux attentes de vos employeurs, mais il faudra aussi convaincre vos employés que cette « raison d'emploi » ne vous empêchera pas d'apprendre « rapidement » les éléments de leur pratique.

Imaginons un cadre plus gros que le tableau. C'est le cas d'une personne qui, à la tête d'une équipe, cède à ses pulsions égocentriques et utilise abusivement le terme « présenté par » pour un projet dont il n'a écrit ou préparé que le résumé de diffusion. Malheureusement, il oublie d'inscrire le terme « préparé par » ou « élaboré par » qui l'obligerait à présenter tous les intervenants. Cela lui laisserait pourtant la place qui lui revient dans l'animation de son équipe, mais ne donnerait pas, selon lui, assez d'importance à son image personnelle.

Puisque vous occupez une position de cadre, vous aurez fréquemment l'occasion d'effectuer des présentations. Évitez de prendre la place du tableau. On regarde le tableau avant tout, mais on sait très bien qu'il est appuyé sur le cadre. Mais attention, votre auditoire n'est pas dupe, le cadre ne peut justifier sa présence que par son rôle de support au tableau. Si le cadre devient plus gros que le tableau et n'arrive plus à jouer son rôle, on va l'enlever, et on sera probablement amené à changer le cadre qui ne sera plus adapté au poids ou à la forme du nouveau tableau.

Le crochet supportant un cadre trop lourd pourrait un jour finir par céder !

Sur le mur, le rôle du cadre, c'est de soutenir le tableau. Dans l'entreprise, le cadre a, lui aussi, la responsabilité de motiver les personnes. Un des plus grands facteurs de motivation est la reconnaissance qu'ils reçoivent pour leur travail. Le cadre doit donc profiter de toutes les occasions pour souligner leurs contributions publiquement, en présence d'un client ou d'un supérieur. Il donne de l'importance au tableau en permettant à ses employés d'occuper une partie de la scène lorsque vient le temps de jouer leur rôle.

Pour réaliser des projets et faire évoluer des idées, vous avez besoin de l'implication et de la participation de vos employés (ou de vos collègues). Il est souvent plus facile d'obtenir la contribution d'une personne à la réalisation d'un projet si elle a participé, d'une façon ou d'une autre, à sa conception.

Nombre d'idées poussent beaucoup mieux lorsqu'elles sont transplantées dans un esprit autre que celui dans lequel elles ont germé.
— OLIVER WENDELL HOLMES

Nous vous suggérons d'amener vos employés à s'approprier vos projets, dans la réalisation desquels ils devront, de toute façon, être impliqués. Ils pourront ainsi non seulement y contribuer avec plus d'énergie, mais aussi les enrichir avec de nouvelles saveurs. Cela demande une bonne dose d'humilité de votre part, mais votre rôle consiste à faire évoluer la pièce (l'entreprise), peu importe d'où viennent les répliques. Évitez d'être une «prima donna», car vous vous retrouverez rapidement à ne faire qu'un monologue, seul sur la scène !

Il faut écouter… Parler, écouter, écrire, tout ça est évidemment la même chose. Les tableaux s'écoutent aussi. Ils sont faits pour être vus, mais plus encore pour être écoutés.
— PHILIPPE SOLLERS

6. UN CADRE, « C'EST LÀ POUR LES PROBLÈMES »

Certains cadres rêvent de ne pas avoir d'employés. Ils pourraient ainsi, disent-ils, avoir plus de temps pour réfléchir et planifier le travail. Mais le travail de qui ? Pas d'employés, pas de cadre ! Certains oublient cette constatation évidente. Certes, il peut vous arriver parfois, dans des moments difficiles, de souhaiter que l'on passe devant votre porte sans s'y arrêter, que l'on aille déposer le problème à la porte de quelqu'un d'autre.

Dites-vous-le une fois pour toutes : vous êtes là pour régler les problèmes ! Les personnes qui viennent vous voir, c'est presque toujours pour vous exposer des problèmes, des difficultés, des imprévus, ou pour vous demander conseil. Et c'est normal, c'est votre rôle. Dans votre esprit, ne vous dites pas : « encore une autre complication…! ». Mais dites-vous : « Bienvenue problème ! Que puis-je faire pour toi ? ». Accueillez les problèmes avec grâce et confrontez-les, car s'il n'y avait pas de problèmes, l'entreprise n'aurait pas besoin de vous.

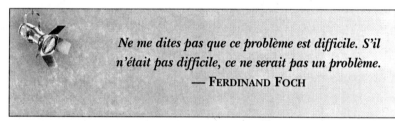

Ne me dites pas que ce problème est difficile. S'il n'était pas difficile, ce ne serait pas un problème.
— FERDINAND FOCH

Vous avez accepté d'assumer le rôle de cadre. C'est un rôle dont vous ne pouvez pas vous départir tant que vous êtes en scène, vos employés s'attendent à ce que vous soyez prêt à leur donner la réplique. Vous avez accepté la responsabilité d'un premier rôle. Si vous avez de la difficulté avec certaines répliques ou avec certains acteurs, cela ne vous autorise pas à « laisser tomber » vos répliques pendant la pièce. Certes, la pièce va continuer ; les autres acteurs auront tôt fait de prendre la relève. En outre, il y a de fortes chances qu'on vous évite lors d'une prochaine représentation, ou qu'on vous impose un «souffleur»… de règles strictes, car vous n'aurez jamais d'excuse pour avoir «lâché» tant que le rideau ne sera pas retombé.

«S'il n'y avait pas de problème ou difficulté, on n'aurait pas besoin de moi». Répétez-vous cette phrase comme une ritournelle qui s'enfonce dans votre cerveau ou comme une technique de motivation qui ne cesse de vous rappeler la raison fondamentale qui justifie votre présence dans l'entreprise. Certes s'il n'y avait pas de problème, les employés pourraient se livrer à leur travail de façon continue. Il n'y aurait pas d'interruption causée par un bris dans les interactions humaines, dans le déroulement des procédures ou le fonctionnement des machines. Il arrive parfois que les humains se fatiguent, que les procédures se sclérosent ou que les machines se brisent. Les employés n'ont pas été choisis et ne sont pas rémunérés pour consacrer leur temps ou leurs énergies à réparer ces bris. Certes, ils peuvent apporter des suggestions, prendre des initiatives. Pendant ce temps, ils ne font plus ce que l'on attend d'eux dans la séquence des activités produisant le bien ou le service fourni par l'entreprise. C'est comme un «blanc de mémoire» qui creuse un vide dans le déroulement de l'action. Les acteurs spécialisés ont perdu le lien qui, normalement, appellerait la réplique qui justifie leur présence dans la pièce. On souhaite de vous l'intervention qui va faire le pont sur le fossé créé par le «trou de mémoire» d'un acteur, d'un processus ou d'une machine. Vous êtes celui qui relance la balle dans le jeu. C'est votre rôle d'assurer que votre équipe pourra continuer à compter des points.

La réparation des «bris» ou des «problèmes» exige souvent le recours à des négociations avec des pairs ou des supérieurs. Ces négociations impliquent une autorité attribuée par l'entreprise ou une vision plus large de l'ensemble dans lequel s'insère le problème. En vous attribuant votre rôle de cadre, votre entreprise vous a confié cette autorité. Vos employés espèrent que vous l'exerciez pour mettre fin à l'inconfort dans lequel ce problème les place. Vos supérieurs ont aussi des attentes : que vous mettiez fin le plus rapidement possible au problème qui ralentit la production.

Alors, « amenez-en des problèmes » ! Car – répétons-le – s'il n'y avait pas de problème, on n'aurait pas besoin de vous.

N'apportez à votre supérieur que les problèmes que vous ne pouvez résoudre seul ou avec votre équipe. C'est aussi ce qu'il attend de vous !

Certains rêvent de voir les problèmes disparaître d'eux-mêmes. C'est rarement le cas. Au contraire, petit problème deviendra, fatalement, plus grand. Le problème apparent dont on vient vous parler n'est peut-être que le symptôme d'un problème beaucoup plus important. Votre médecin vous le dira : certes, on peut soulager les symptômes, comme une migraine ou une toux, mais, si on ne s'attaque pas à la cause de ce symptôme, cette cause se développera et provoquera des symptômes encore plus graves.

Soyez à l'écoute des problèmes qu'on vous apporte. Recevez celui qui vous les apporte. Écoutez-le, car, si vous l'ignorez ou si vous fuyez, il comprendra qu'il ne peut compter sur vous. Et il s'adressera ailleurs : il se plaindra à ses collègues, alimentera le moulin à rumeurs et contribuera à une perte d'intérêt pour les objectifs de votre équipe de travail. On en déduira que le chapeau est trop grand pour vous. Il vous tombe sur les yeux et les oreilles. Il vous empêche de voir et d'entendre. Vous ne serez plus qu'un figurant dans une pièce qui se jouera sans vous. Or, au théâtre, les figurants peuvent être facilement remplacés.

Les problèmes sont le prix du progrès. Ne m'apportez que des problèmes. Les bonnes nouvelles m'affaiblissent.
— Charles F. Kettering

7. CHERCHER LES PROBLÈMES

Si vous devez être à l'écoute des problèmes qui vous sont soumis par vos collaborateurs, il faut aussi vous méfier de la tentation d'en voir où il n'y en pas, ou, du moins, où il n'y en a pas qui mérite votre intervention. Si la principale raison d'être de votre rôle, c'est la solution des problèmes qui se présentent afin de permettre aux acteurs spécialisés de poursuivre leur travail, il ne faudrait pas consacrer la plus grande partie de vos énergies à les chercher. Cette perversion du rôle de cadre s'exprime souvent dans une préoccupation de contrôle tatillon servant à kidnapper, au profit de ce dernier, le traitement de toutes les difficultés rencontrées par ses collaborateurs. Alors que ceux-ci pourraient facilement les régler en se servant de leur expérience ou de leur imagination professionnelles, le cadre se les accapare pour justifier son importance et... occuper son temps. Cela lui permet, aussi, d'éviter de se confronter à des problèmes qui seraient de son niveau d'autorité, mais devant lesquels il se sent inconfortable ou il craint d'être finalement obligé d'avouer son incompétence. L'excuse est, hélas, trop commode : «Je suis trop occupé... pour m'occuper de cela!»

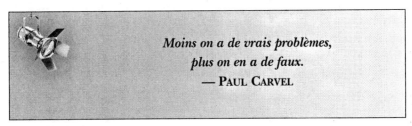

Moins on a de vrais problèmes,
plus on en a de faux.
— PAUL CARVEL

8. IDENTIFIER LES RISQUES

L'acteur principal doit bien connaître les forces et les faiblesses des membres de son équipe ainsi que celles des opérations dont il est responsable. Il peut ainsi identifier les risques de défaillances humaines et techniques afin de les prévenir ou, dans les pires cas, d'en limiter les effets. Dans nos univers de plus en plus complexes, les risques sont multiples. L'important, pour le cadre, c'est de savoir évaluer le niveau de danger que représentent ces risques. Cela implique la prise en compte de leur niveau de probabilité et de dangerosité pour le fonctionnement de son équipe et les utilisateurs des résultats de son travail. Les différentes législations locales et nationales imposent des pratiques à ce sujet. La médiatisation rapide de toute défaillance conseille aux gestionnaires de porter une attention particulière à tout ce qui pourrait nuire à la réputation de l'organisation et à l'attrait de ses produits. Il faut donc consacrer des ressources à la prévention ou au contrôle de ces risques. Mais la prudence ne doit pas devenir phobique. Le but de votre équipe, c'est de produire les résultats attendus dans un contexte de fonctionnement normal. Si vous détournez une trop grande partie de ses ressources vers la gestion des risques potentiels, vous «risquez» de provoquer des défaillances par un manque... de ressources. Vous devez être vigilant, mais cette vigilance ne saurait vous empêcher de consacrer la plus grande partie de vos énergies et de votre temps au traitement des problèmes que vous rencontrez plutôt qu'aux problèmes qui risquent de se présenter. À force de penser aux accidents dont la pièce pourrait être victime, l'acteur principal peut en venir à «sortir de son rôle» et oublier de donner la réplique prévue dans le déroulement normal de l'action interprétée par son équipe.

Le risque de se livrer à l'inessentiel
est lui-même essentiel.
— MAURICE BLANCHOT

9. EMPLOYÉS À PROBLÈME

Il y a les employés qui vous soumettent des problèmes, et il y a ceux qui représentent des problèmes. Appliquez la même règle que pour les problèmes. Les personnes difficiles composent entre 10 % et 15 % de votre personnel. Même quand on croit en être débarrassées, elles se régénèrent… Il faut apprendre à vivre avec elles en appliquant la règle de l' « autogestion » (vous pourrez tirer profit de la méthode GpS, présentée plus bas dans le chapitre EDF).

Le comportement de cet employé « à problème » vous amènera à le rencontrer et à vouloir relancer la balle dans le jeu. Au temps de Molière, les pièces incluaient souvent des intermèdes sous forme de danse qui servaient de pause dans l'action. Dans les interprétations modernes de ces pièces, on en retrouve des relents dans certaines mises-en-scènes chorégraphiées, par exemple dans « Le Bourgeois-Gentilhomme ». Votre rencontre avec l'employé·problème sera un peu comme l'une de ces danses : surveillez vos pas !

Ne commencez pas par un « grand jeté » du genre : « Pourquoi… es-tu arrivé en retard ? ». Allez-y plutôt avec un « rond de jambe » sympathique : « Qu'est-ce qui te préoccupe ? » ou « Qu'est-ce qui fait que……? » « Que fais-tu pour respecter tes engagements ? »

Puis allez-y avec un « retiré sur pointe ». Attendez la réponse. Votre silence va transférer la pression de l'autre côté du bureau… jusqu'à ce que l'autre offre une explication. Celle-ci devrait contenir un calendrier de justifications liées à un événement ou à une situation. Ne lui attribuez pas d'intentions malsaines. Montrez-lui que vous êtes prêt à vous en tenir au fait.

Donnez-lui la possibilité de procéder à ce que les danseurs appellent un « grand battement derrière ». Donnez-lui la chance de revenir en arrière, de mettre un terme à son attitude négative en lui attribuant des raisons qu'il sera maintenant possible de mettre de côté. Ce calendrier de changement d'attitude, pour cause de changement de situation, doit impliquer une date de péremption. Il y aura un moment où les raisons invoquées ne seront plus pertinentes. C'est alors que vous allez chercher un engagement ferme pour corriger la situation. «On va se revoir dans X jours». Dans toute cette «arabesque», vous vous êtes bien gardé de laisser transparaître vos émotions. Il s'agit d'un «ballet» technique visant à corriger certaines incongruités dans le fonctionnement de votre équipe. Votre interlocuteur, partenaire dans ce «pas de deux», n'étant pas accusé de «faux pas», mais simplement invité à s'ajuster à la chorégraphie de l'ensemble de votre équipe.

Vous avez maintenant un calendrier d'ajustement. Précisez les paramètres de ce calendrier et fixez-en les dates de réévaluation.

L'important, c'est de donner à l'autre les règles du jeu, la chorégraphie à laquelle il doit participer, et de fixer le moment où il faudra considérer que ses états d'âme ou ses préoccupations extérieures ne lui permettent pas de se livrer au «grand plié» demandé. Vous êtes le maître de ce ballet (ou de ce balai…). Vous devrez, dans un cas d'incapacité confirmée à suivre la chorégraphie, vous séparer de ce «danseur» pour ne pas détruire l'ensemble de la troupe.

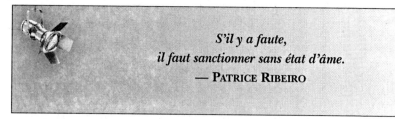

S'il y a faute,
il faut sanctionner sans état d'âme.
— **PATRICE RIBEIRO**

10. UN COACH… SANS SIFFLET

Parmi les mots à la mode, il y a celui de «coach». On propose au cadre de jouer le rôle d'un coach pour ses employés: il guide, il conseille, il motive. Cela est bien. Par ailleurs, ce coach ne doit pas utiliser de sifflet, instrument légendaire du coach sportif. Vos collaborateurs auront horreur de se faire traiter comme des «toutous» que l'on peut siffler au moindre besoin.

Certes, votre temps est précieux. Mais celui de vos employés l'est aussi! Avez-vous vraiment besoin d'interrompre leur travail chaque fois qu'une question se présente à votre esprit ? Ne pouvez-vous pas, vous-même, trouver la réponse dans votre agenda, vos notes ou vos dossiers ?

Les coups de téléphone incessants, ainsi que les arrivées impromptues dans leur lieu de travail, détournent vos collaborateurs de leur tâche. Si vous avez vraiment besoin de leurs lumières, donnez-leur le temps de terminer ce qu'ils sont en train de faire et de trouver la réponse à la question posée. Un courriel pourra vous permettre de leur transmettre votre question. Ils y répondront plus facilement, et se prépareront, car ils savent que ce genre de communication n'exige pas une réponse… immédiate.

Encore mieux, notez vos questions et regroupez-les. Une rencontre quotidienne, bien programmée, vous permettra de leur transmettre l'ensemble de vos questions et, le lendemain ou à la fin de la journée, de vous offrir leurs réponses. Il y a fort peu de questions qui exigent une réponse immédiate. D'autant plus que vous souhaitez une réponse « éclairée » et « complète ». Votre collaborateur (ou votre supérieur) ne peut vous la donner dans l'instant même. S'il le fait sans avoir à y réfléchir ou à s'informer en relisant ses dossiers ou en interrogeant lui-même ses collègues, la réponse ainsi obtenue n'aura pas beaucoup de valeur ajoutée à celle que vous auriez pu trouver.

En fait, le coup de sifflet ne porte pas vraiment sur la question, mais sur l'expression d'une autorité en mal de confirmation. L'employé que l'on traite comme un « toutou » risque, un jour, de mordre la main de son « maître » !

L'art de diriger consiste à savoir abandonner la baguette pour ne pas gêner l'orchestre.
— HERBERT VON KARAJAN

11. ÊTRE À L'ÉCOUTE DES AUTRES

Tous les managers à leur niveau possèdent leur sphère d'influence. Dès qu'on se retrouve à gérer un projet ou une équipe, se posent des questions de management et de pouvoir. De plus, certaines personnes ont aussi une prédisposition psychique. Elles ont pris l'habitude de tout considérer de leur propre point de vue. Ce qui ne prête pas à conséquence tant qu'on n'a pas de responsabilités. Mais cela devient nettement plus grave lorsque les enjeux sont devenus importants et que personne n'ose plus la contredire. Ce sont aussi les circonstances qui peuvent pousser à développer ce travers. Une personne qui ne parvient pas à tenir ses objectifs est soumise à de fortes tensions et risque de se replier sur elle-même. Le risque est symétrique en cas de réussite. Elle se sentira pousser des ailes et se croira infaillible.

— *Bénédicte Haubold*

Il y a des acteurs qui sont tellement préoccupés par leur prochaine réplique qu'ils en oublient d'écouter celle des autres. Imaginons que, par une défaillance de mémoire ou une surcharge d'imagination, l'un d'entre eux modifie sa réplique. L'acteur distrait, qui assume un premier rôle, risque de lancer sa réplique sans s'être rendu compte qu'il aurait dû l'ajuster à la nouvelle situation ainsi créée. C'est lui qui va paraître déphasé, et non celui qui aura amorcé, volontairement ou non, ce décalage par rapport au déroulement maintes fois répété de l'action. Comme nous l'avons dit plus haut, on compte sur le premier rôle pour «rattraper» le fil de l'action lorsqu'un des acteurs l'aura échappé ou l'aura entremêlé avec d'autres. Vous ne pourrez le faire si vous ignorez le sort qu'on est en train de réserver à ce fil. Et pour cela, il faut écouter ce que disent et observer ce que font les membres de votre équipe.

Vous allez peut-être répondre : comment ne pas entendre et ne pas observer alors que l'on est sur scène avec les autres ? Est-il nécessaire de vous rappeler qu'il y a une différence entre entendre et écouter, comme il y en a une entre voir et observer. L'une de ces attitudes est passive, l'autre est active... et même proactive. Vous devez « scanner » ce qui se passe autour de vous afin de convertir les sons et les images en données susceptibles d'être enregistrées et analysées par vos logiciels intérieurs de gestion. Chaque parole, chaque geste témoignent non seulement de l'habileté des acteurs dont vous gérez la performance, mais aussi du sens qu'ils donnent à ce geste, car c'est ce sens qui alimente leur motivation. Pourquoi est-ce qu'ils agissent, « pour le meilleur et pour le pire », comme ils le font ?

C'est en étant à l'écoute active et à l'observation tout aussi active de vos employés que vous pourrez remplir le premier rôle qui vous a été confié. C'est à cette condition que vous pourrez intervenir au bon endroit, au bon moment et avec les bons arguments pour arrêter les glissements dans la performance des employés, pour assurer leur endurance dans les épreuves de la concurrence et pour provoquer une volonté de dépassement des succès routiniers.

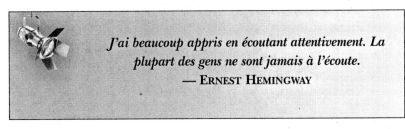

J'ai beaucoup appris en écoutant attentivement. La plupart des gens ne sont jamais à l'écoute.
— ERNEST HEMINGWAY

12. EMPLOYÉS CRITIQUANT D'AUTRES EMPLOYÉS

Occasionnellement, quelqu'un viendra auprès de vous se plaindre d'une autre personne. Étant donné votre position dans l'entreprise, il peut être tentant de prêter une attention à ce qu'il raconte. Vous vous dites que vous allez apprendre des choses qui peuvent être importantes pour vos interventions futures. Ou vous prendrez plaisir à jouer le juge ou l'arbitre, croyant confirmer ainsi votre rôle de cadre.

Si quelqu'un critique une attitude ou un comportement, c'est qu'elle en tire un inconfort ou une insatisfaction. Vous aurez peut-être à intervenir si la situation se détériore à un tel point que les personnes impliquées deviennent incapables de travailler ensemble. Mais, s'il s'agit d'un problème que vous n'aviez pas détecté auparavant, il faudrait d'abord faire confiance à la bonne volonté des personnes impliquées.

Première réaction : « En as-tu parlé avec cette personne ? ». La réponse sera souvent : « Non ». Invitez votre interlocuteur à rencontrer la personne pour en discuter. Celle-ci n'est peut-être même pas consciente de l'effet de son attitude ou de son comportement sur ses collègues.

Vos collaborateurs sont humains. Or, la nature humaine fait souvent que nous nous comportions comme des enfants lorsque nous sommes ennuyés. Nous allons voir l'un de nos parents pour qu'il intervienne auprès de l'autre enfant et le force à corriger ce qui nous ennuie. Cela demande moins d'efforts, mais confirme et pérennise aussi les tensions. L'autre nous en veut d'avoir eu recours à l'intervention d'une autorité supérieure. Il se sent humilié et cherchera à se venger... ou, du moins, refusera toute collaboration future.

Or, vous êtes un cadre, pas un parent ! S'il vous arrive de contribuer à la formation continue de vos collaborateurs, vous n'êtes pas là pour faire... leur éducation. Résistez à la tentation d'intervenir sur le champ. Plus tard, si après une tentative de rencontre, votre interlocuteur revient vous voir pour vous annoncer l'échec de sa démarche, vous pourrez choisir d'intervenir non pas comme arbitre, mais comme médiateur. Un médiateur ne porte pas de jugement (du moins, devant les parties en conflit). Il n'est pas non plus un négociateur, chargé de proposer des aménagements. Un médiateur écoute les parties... l'une après l'autre, et tente de faire comprendre les positions respectives, puis il les laisse trouver un terrain d'entente.

Certes, vous ne pouvez laisser pourrir une situation qui nuit à la performance de vos collaborateurs. Comme nous l'écrivions plus haut, «vous êtes là pour régler les problèmes». Mais il vous faut savoir quand un simple inconfort ou une insatisfaction ponctuelle devient un problème. Demandez-vous à quelle étape vous êtes rendu? Cela se fera dans la séquence que nous venons de proposer: médiateur (vous écoutez et vous transmettez), négociateur (vous proposez des solutions), arbitre (vous imposez une solution). Mesurez bien la nécessité d'entrer dans la séquence, car si vous y entrez, vous y êtes engagé. Vous avez créé un précédent. Vos collaborateurs en viendront à faire de ce précédent, une habitude, et vous aurez perdu la distance nécessaire à une gestion équilibrée des besoins de l'ensemble de vos collaborateurs. Si votre intervention ne porte pas fruit, vous serez forcé de passer à l'étape de juge qui doit «condamner» la partie récalcitrante, et à l'étape ultime de bourreau forcé de couper des liens d'emploi. Certes, ce sont des rôles que vous ne pouvez entièrement éviter. Vous avez, comme cadre, une sorte de banque d'interventions de ce genre dans laquelle vous pouvez puiser. Mais si vous y puisez trop souvent, elle risque de... s'épuiser. Votre entreprise est certainement prête à vous appuyer dans ces recours. Elle vous fait confiance... jusqu'à ce que ces recours deviennent trop fréquents. On en viendra à croire que ces escalades d'interventions ne sont pas seulement dues aux actions de vos collaborateurs. On se demandera s'il n'y a pas, de votre part, un manque de contrôle sur vous et sur votre équipe. On en viendra à ne vous voir que dans un rôle de juge ou de bourreau. Ce n'est sûrement pas la meilleure façon d'assurer la complicité de vos collaborateurs.

Il y a des personnes qui croient que la meilleure façon de se valoriser, c'est de dévaloriser les autres. Elles ne se gênent pas pour critiquer, en leur absence, le comportement d'un collègue. Refusez systématiquement d'écouter de tels propos.

Ce qui doit vous intéresser, c'est le résultat du travail. Et cela, vous pouvez le constater par vous-même. Vous n'avez pas besoin de relais.

Méfiez-vous de ce collaborateur qui semble se faire un « devoir » (on devrait plutôt dire « un plaisir ») de critiquer un collègue devant vous. Inquiétez-vous des raisons qui le poussent à agir ainsi. Ne serait-ce pas un indice de problème dans le comportement... de l'individu qui critique plutôt que dans celui qui est critiqué ? Agit-il ainsi parce qu'il craint d'être défavorisé dans un éventuel réaménagement des tâches ? Si les critiques continuent, même après que vous ayez montré votre peu d'intérêt pour ce genre de propos, essayez de réduire l'inconfort qui cause ce comportement. Si, malgré tout, cela devient chronique, il faudra faire face au problème plus directement, en expliquant que cela nuit au climat de travail et que l'auteur des critiques finira par être rejeté par son équipe. Et dites-vous bien que s'il critique les autres devant vous, il fait pareil à votre sujet. Il doit être clair pour tous les membres de votre équipe que vous n'êtes pas du genre à écouter de tels dénigrements.

Évidemment, c'est un comportement que vous devez éviter. Vous aurez peut-être l'impression d'enrichir la complicité attendue de certains de vos collaborateurs en vous « permettant », sur le ton de la confidence ou de la pensée à haute voix, des critiques qui ne devraient s'adresser qu'à la personne concernée. La surprise de celui qui se voit confier de telles réflexions sera inévitablement suivie d'une opinion négative quant au comportement que vous devriez avoir comme cadre. Celui qui est ainsi impliqué, malgré lui, dans la gestion de l'équipe, ne peut rien y faire. Ce n'est pas son boulot. En l'associant à votre réflexion, vous lui imposez une complicité qu'il n'est pas prêt à assumer. Si vous avez un problème avec un employé (ou un collègue), votre rôle, c'est de le régler, pas de le partager !

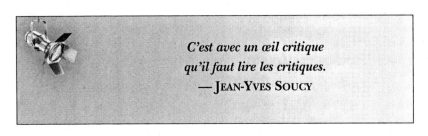

C'est avec un œil critique
qu'il faut lire les critiques.
— JEAN-YVES SOUCY

13. ÉTABLIR LA BONNE DISTANCE AVEC CHACUN DE SES INTERLOCUTEURS

Tout le monde aime... être aimé. Toutefois, votre entreprise ne vous a pas confié un rôle de cadre pour que vous obteniez l'affection de vos employés. Tant mieux s'ils vous « aiment bien ». Cela ne pourra qu'aider à régler les malentendus qui naîtraient en cours de route. Ils se diront que vous n'êtes pas le genre de personne « à faire cela », qu'ils doivent donc se tromper sur les mauvaises intentions et les preuves d'incompétence qu'ils seraient tentés, spontanément, de vous attribuer à la suite d'un malentendu.

La question importante, ce n'est pas de savoir si vous êtes aimé, mais bien, quel prix vous devrez payer pour l'être. Or, ce prix est indiqué en points de respect. Respect pour votre expertise en gestion. Respect pour votre habileté à défendre les intérêts de votre équipe auprès de la direction. Respect pour l'autorité — et les responsabilités — que vous a confiées l'entreprise.

Le mot « respect » n'a plus très bonne presse de nos jours. Cela fait un peu vieillot. Et pourtant, c'est un mot très fort. Il signifie l'acceptation du rôle de celui que l'on respecte. Le cadre respecte l'expertise et la bonne volonté de ses employés. Ceux-ci respectent celles de leur cadre.

Pour respecter le rôle de l'autre, il faut aussi respecter son espace personnel. Les spécialistes du comportement animal parlent de « zone de fuite » et de « zone d'attaque ». Dans la première, l'animal acceptera l'intrusion de l'autre, mais quand on en franchit la frontière, on tombe dans sa zone d'attaque où l'animal ne peut accepter cette intrusion et se sent obligé d'attaquer... ou de refuser cette intrusion.

Entre vous et vos employés, il y aurait une zone de complicité et une zone de respect. Cela n'a pas, évidemment, la même connotation d'agressivité que chez les animaux, bien que...

Certes, dans la zone de complicité, vous pouvez vous intéresser à certains aspects personnels. « Tes enfants vont bien ? » ou « Tu as des projets pour les fêtes de fin d'année ? » Ce genre de questions témoigne d'un intérêt général pour une personne avec laquelle on passe, après tout, une bonne partie de ses journées.

La zone de respect exige parfois une certaine retenue dans les familiarités. Vos employés n'ont pas nécessairement le goût de vous raconter leur vie personnelle... ou d'entendre les événements qui marquent la vôtre.

Dit autrement : vos employés ne sont pas vos amis. Ils sont des collègues, des complices, des collaborateurs. Cette zone de complicité ne saurait impliquer une amitié qui envahirait la zone de respect, car les rôles risquent alors de perdre leur raison d'être. L'employé perd sa capacité d'exprimer les besoins de son expertise pour ne pas perdre l'amitié. Le cadre perd, quant à lui, sa capacité d'exprimer les besoins de l'équipe ou de l'entreprise pour les mêmes raisons.

Un employé peut, ponctuellement, se réjouir de pouvoir compter sur cette amitié pour réduire la portée d'une décision qui lui déplaît. Toutefois, il doit savoir que cette relation pourra, en d'autres occasions, jouer contre lui si son cadre cherche à la pratiquer avec tous les membres de son personnel. Il pourra, par ailleurs, subir l'inconfort de ses collègues toujours prêts à attribuer, à cette relation privilégiée, une décision le favorisant.

Le cadre qui cède aux tentations de l'amitié avec l'un de ses employés perd sa zone de respect non seulement face à celui-ci, mais aussi face aux autres employés qui le soupçonnent alors de favoritisme. Et cela, même si le cadre est convaincu de ne pas se laisser influencer dans ses décisions par son amitié.

On invite le médecin à éviter de soigner un membre de sa famille, car il pourrait alors hésiter à poser un diagnostic qui troublerait sa vie familiale ou à prescrire un traitement qu'il sait désagréable pour son patient. Il refuserait de voir la gravité de l'état d'un membre de sa famille ou amplifierait celle-ci en apportant une attention exagérée à tous les risques éventuels découlant de cet état. Or, on connaît les effets pervers de la surmédication ou des hospitalisations inutiles.

Certes, nous cherchons tous un peu d'affection et d'amitié dans nos vies. Mais gardez-vous le temps, hors du milieu de travail, pour les trouver AILLEURS !

Et cela s'applique aussi à vos propres relations avec vos supérieurs et vos collègues.

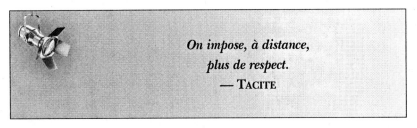

On impose, à distance, plus de respect.
— Tacite

14. Vous adapter à l'évolution de votre équipe

Il n'y a pas de formule miracle. Il faut être à l'écoute des « acteurs », identifier et accompagner les initiatives. Vous avez le premier rôle qui doit mettre en valeur les rôles spécialisés de chacun. Il ne faut pas oublier que ces rôles évoluent dans le temps. L'action les transforme.

Nous vous avons déjà suggéré d'être à leur écoute, sans pour autant les encourager à critiquer leurs collègues ou à chercher à établir une complicité personnelle qui dépasserait les frontières de celles que vous devez développer pour réaliser les objectifs de votre équipe.

Cette distance que l'on pourrait qualifier de «conviviale» vous impose aussi une autre obligation : *celle de les aider à suivre l'évolution de leur personnage.* Chaque «représentation» de la pièce contribue à l'apprentissage de leur rôle. Les réactions du public consommateur du produit de votre entreprise, les échanges avec les autres rôles, la façon dont vous leur donnez la réplique, tout cela leur permet de revoir, de préciser, d'enrichir leur façon de pratiquer leur rôle.

Le rôle spécialisé que vous avez devant vous aujourd'hui n'est pas le même que celui avec lequel vous échangiez hier. Il a des façons différentes de comprendre ce qu'il peut faire et des compréhensions nouvelles de ce que l'on peut attendre de lui.

N'attendez pas que vos collaborateurs se sentent obligés de vous informer qu'ils ont changé. Si vous pouvez modifier vos attentes envers eux, ils peuvent aussi faire la même chose à votre égard. Rien n'est figé dans vos relations avec vos collaborateurs. Dans chacune de leurs actions, ils cherchent à améliorer leurs connaissances et à diversifier leurs compétences. En êtes-vous conscient ? Ajustez-vous vos demandes à ces changements ?

Il faut non seulement que vous soyez sensible à ces modifications, mais vos collaborateurs ont le droit d'attendre que vous les aidiez à évoluer dans leurs carrières, leurs métiers, leurs professions. Vous appréciez leurs contributions. Vous souhaitez pouvoir compter sur elles. Vous ne pouvez ignorer que les détenteurs de ces rôles spécialisés aimeraient probablement se voir octroyer, un jour, un premier rôle. Vous avez le choix : ou vous cherchez à les maintenir dans un rôle spécialisé qui vous laisse le «beau rôle» ou vous leur fournissez des occasions de valoriser leur rôle et, éventuellement, faisant état des scènes que vous leur avez permis de jouer et de tabler sur l'expérience acquise pour prétendre obtenir un premier rôle.

À moins de souffrir d'une inquiétude maladive quant à votre avenir professionnel, vous devriez vous réjouir de voir l'un de vos rôles spécialisés recevoir une promotion vers un premier rôle de cadre. Ce n'est pas un concurrent de plus. C'est un allié supplémentaire qui pourra vous appuyer dans les négociations entre cadres de votre entreprise ou dans vos positionnements au sein du milieu commercial, industriel ou politique dans lequel vous œuvrez.

Orientez vos interventions vers de la gestion de «responsabilisation» en respectant le travail de chacun, et en amenant chacun à prendre le soin d'assumer ses responsabilités. Ne prenez pas les responsabilités des autres; faites que chacun assume les leurs. Appuyez-les plutôt! Déléguez les pouvoirs et investissez les gens de responsabilités afin que chacun puisse donner le meilleur de lui-même.

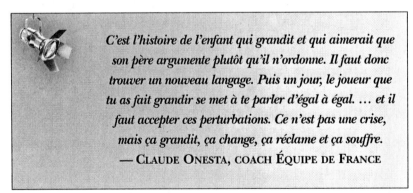

C'est l'histoire de l'enfant qui grandit et qui aimerait que son père argumente plutôt qu'il n'ordonne. Il faut donc trouver un nouveau langage. Puis un jour, le joueur que tu as fait grandir se met à te parler d'égal à égal. ... et il faut accepter ces perturbations. Ce n'est pas une crise, mais ça grandit, ça change, ça réclame et ça souffre.
— CLAUDE ONESTA, COACH ÉQUIPE DE FRANCE

15. LES «BONNES PEURS»: CELLES QU'IL FAUT CRAINDRE

Andy Grove, pdg d'INTEL, disait que *«le plus important rôle d'un cadre, c'est de créer un environnement dans lequel les gens se consacrent passionnément à gagner sur la place du marché... La peur joue un rôle majeur dans la naissance et le développement d'une telle passion. La peur de la concurrence, la peur de la faillite, la peur de se tromper et la peur de tout perdre, voilà de grands motivateurs!».* Partagez ou créez de bonnes peurs. Ceci aura pour effet de créer des mini-crises contrôlées qui animeront votre entourage! Ceci est surprenant et cela vous fait peut-être bondir de votre siège. Motivation ou manipulation? Il est probable que vous n'accepterez pas d'emblée cette stratégie. Or, que l'on soit d'accord ou pas avec cette idée, il reste que ça fonctionne, mais elle doit être honnête et transparente. Et si le mot «peur» vous semble un peu trop machiavélique, vous pouvez utiliser «défi» à condition que cela implique non pas un simple dépassement, mais une condition incontournable de survie.

Les cadres sont portés à se mettre beaucoup de responsabilités sur le dos, car ils se disent «responsables» de leur environnement. Ils se croient obligés d'empêcher que leurs employés ne ressentent les effets des risques auxquels leur équipe ou leur entreprise sont périodiquement confrontées. Il faut reconnaître qu'il y a dans cette «protection» une grande part de «parentalisme». Ils agissent comme s'ils étaient les seuls à pouvoir assumer ces défis, les seuls assez forts pour ne pas se laisser décourager par l'apparition d'un nouveau défi ou d'une nouvelle peur.

Partagez vos préoccupations, votre entourage y sera confronté un jour ou l'autre. De plus, le fait de les partager alimentera chez les autres le désir de vous aider, et par la même occasion, de contribuer encore plus au développement de votre entreprise.

Dans une pièce de théâtre, il y a des moments forts qui semblent faire le point sur l'évolution des personnages et relancent l'action qui perdait progressivement de son intérêt. Ce sont comme des charnières qui ouvrent un autre volet dans la suite des événements.

Profitez de l'arrivée d'un nouveau concurrent, de l'apparition d'une technologique innovante, d'un bris temporaire dans les opérations, pour provoquer une montée d'adrénaline. Ne laissez pas vos acteurs spécialisés à l'arrière-scène pendant que vous combattez le «dragon» à l'avant-scène. Ne faites pas, comme ces personnages du théâtre classique, qui sortaient de scène pour revenir plus tard raconter les batailles qu'ils avaient livrées hors de la vue de tous.

Certes, il y a des combats qui ne peuvent être joués sur scène, mais certains seraient remportés plus facilement si tous les acteurs y participaient. Vos collaborateurs ne sont ni sourds ni aveugles. Ils entendent les rumeurs; ils voient les effets d'un nouveau défi sur vous et sur l'entreprise.

Il ne s'agit pas de crier à la «crise» chaque fois qu'un nouveau défi se présente, car la proclamation d'un état de crise a tendance à handicaper les initiatives. Pensez plutôt à une alerte ou une alarme dont il faut juguler le déroulement. Cela vous sortira de la routine. Et le défi relevé avec les efforts exceptionnels de tous sera une nouvelle victoire qui enrichira l'histoire de votre équipe.

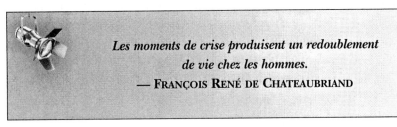

Les moments de crise produisent un redoublement de vie chez les hommes.
— François René de Chateaubriand

16. Essayer quelque chose de différent

Vous avez de l'expérience. Vous avez développé des routines qui vous permettent de réagir rapidement. Tout cela fait partie de votre «butin» de cadre. Mais il ne faut vous y enfermer. Il faudra, de temps en temps, «mettre le nez dehors» et essayer quelque chose de différent. C'est la seule façon dont vous pourrez découvrir des occasions de développer ou de renouveler les pratiques de votre équipe de travail.

Certaines entreprises obligent les cadres à sortir de leur bureau pour effectuer les tâches quotidiennes de leurs employés pendant quelques jours. Ils en reviennent habituellement avec non seulement de nouvelles idées, mais aussi une vision plus précise des attentes et des besoins de leurs employés.

N'attendez pas qu'on vous oblige à aller chercher de nouvelles idées. Vous en avez toujours besoin.

Sur la scène d'un théâtre, on parle du côté «jardin» et du côté «cour» (pour éviter les malentendus qu'apporterait l'utilisation des mots «droite» et «gauche» en ne précisant pas si c'est du point de vue des acteurs ou de celui des spectateurs).

Vous avez, vous aussi, vos côtés jardin et cour. Vous avez un jardin où poussent les procédures et les routines qui permettent à votre équipe de fonctionner normalement. Mais la terre de ce jardin s'épuise. Il faut faire une rotation des cultures. Sauf de rares cas, dont nous parlerons plus loin, il n'est pas nécessaire de procéder à des brûlis systématiques. Quelques nouveaux plans suffiront pour commencer à enrichir la composition du sol ou les échanges de pollinisation.

Le premier rôle a la responsabilité de voir à ce que l'interprétation des autres rôles ne tombe dans un automatisme sans relief. L'acteur d'expérience se permettra alors de «réveiller» ses partenaires en changeant une réplique ou un geste. Les autres seront forcés de sortir de leur torpeur pour retrouver le fil de l'action. Ainsi, un changement mineur dans un processus ou une routine forcera vos employés à revoir l'ensemble. Il faut profiter d'un changement technique, imposé par les concurrents ou les consommateurs, pour réintroduire un peu de nervosité dans votre système. Le graphe des battements de votre équipe ressemble plus à un plat pays qu'à une chaîne de pics majestueux ? Un changement fournira l'électrochoc nécessaire pour réactiver la pompe de votre productivité. La routine s'installant, l'acteur spécialisé en vient à attacher machinalement le début de ses répliques au dernier mot des répliques des autres. Il ne pense même plus à ce qu'il dit. Mais si ce dernier mot est changé, il se verra soudainement obligé de revoir le contenu de cette réplique afin de trouver la meilleure façon de la raccrocher à celle qui vient d'être prononcée. Il devra reprendre conscience des raisons qui amènent son personnage à donner cette réplique, et retrouver l'émotion qui la justifie.

Du côté cour, il y a toutes ces rencontres que vous pouvez faire afin d'alimenter vos réflexions. Assistez à des dîners-conférences, des colloques. Rencontrez des anciennes connaissances et posez-leur des questions sur ce qu'elles font dans leur entreprise. Il n'est pas nécessaire de vous lancer dans de grandes opérations de remise en question comme savent si bien les vendre (et se vendre) les colporteurs de la gestion « fast-food ». Une heure de déjeuner ou dîner- conférence organisée par votre association professionnelle vous permettra de cueillir une ou deux idées intéressantes (c'est le maximum que vous aurez la possibilité et le temps d'implanter !) provenant de la conférencière ou de vos voisins de table. Attention aux séminaires de plusieurs jours qui, dans un lieu clos, vous promettent de « changer votre vie ! ». Il y a des sectes managériales, comme il y a des sectes religieuses. Les miracles ne se matérialisent pas plus dans les bureaux de votre entreprise que dans les chapelles de ceux qui suppléent à leur impuissance par l'intervention illusoire de dieux qu'ils ont eux-mêmes créés.

17. QUAND VOUS ÊTES LE CHANGEMENT

Il y a aussi des situations où vous représentez le changement, car vous venez d'être nommé cadre d'une nouvelle équipe de travail. La tentation est grande de chercher à imposer votre style de gestion en procédant, rapidement, à des «brûlis», c'est-à-dire à des changements draconiens dans les pratiques et les routines de votre équipe. Il y a trois cas de figure.

Premier cas: Vous avez travaillé comme membre de cette équipe et vous venez d'être promu cadre de celle-ci.

Il est probable que, lorsque vous étiez employé, vous avez, parfois, mis en doute les pratiques et routines implantées par le cadre en poste. Il vous semble que des améliorations peuvent être apportées. Mais votre patron n'a pas cru bon donner suite à vos suggestions. Maintenant, c'est vous le patron, et il vous tarde de prouver que vous aviez raison. Prenez votre temps. Si l'équipe a pu fonctionner pendant toutes ces années sans les améliorations que vous aviez proposées, elle pourra le faire encore pendant quelque temps. Quand il entre en scène, le cadre doit laisser le temps aux autres acteurs, et aux spectateurs, de s'habituer à sa présence et au son de sa voix. Ainsi, vous devez laisser aux membres de votre équipe le temps de s'habituer au nouveau rôle que vous êtes appelé à jouer. Vos relations vont devoir changer. Vos complicités vont être d'un autre niveau. Elles seront tout aussi cordiales (si elles l'étaient avant...) Mais vous serez appelé à mettre, progressivement, en place la distance indispensable dont nous parlions plus haut. Puis, après ce temps d'adaptation, vous pourrez commencer à procéder aux changements que vous jugez utiles. Il pourrait même arriver que, ayant un nouveau point de vue, celui du cadre, vous découvrirez que votre prédécesseur avait peut-être raison de ne pas donner suite à vos suggestions. Vous éviterez aussi que vos employés ne vous pensent obnubilé par votre nouvelle autorité et n'associent les changements à une simple volonté de leur montrer que vous êtes maintenant le patron. Cette période d'adaptation sera encore plus importante si d'autres employés ont pu se croire aptes à recevoir cette promotion. Il y aura des blessures d'amour-propre à panser et des frustrations à cicatriser.

Deuxième cas : Vous étiez cadre dans une autre équipe ou une autre entreprise.

Certaines des pratiques et routines vous semblent moins efficaces que celles de votre ancienne équipe ou elles vont à l'encontre de votre style de gestion. Là aussi, prenez votre temps. Observez le fonctionnement de votre équipe. Échangez avec vos employés afin de mieux connaître l'histoire et les justifications de ces pratiques et routines. Vous découvrirez, peut-être, que, si elles semblaient inefficaces dans le contexte de travail que vous avez connu ailleurs, elles s'inscrivent pour vous maintenant, dans un milieu différent. Vos employés ont besoin de connaître vos attentes. Ces échanges vous permettront non seulement d'apprendre le fonctionnement de votre équipe, mais ils donneront aussi à vos employés l'occasion d'apprendre à travailler avec vous.

Troisième cas : Vous êtes appelé par la direction à remettre de l'ordre dans le fonctionnement d'une équipe complètement désorganisée.

Ne perdez pas de temps. Agissez immédiatement, en prenant le temps d'expliquer à vos employés ce que vous comptez faire. Ils savent fort bien que les choses doivent changer. Ils ne peuvent être satisfaits de faire partie d'une équipe constamment soumise aux critiques des autres équipes et aux reproches de la direction. En scène, les acteurs se trouvent démunis lorsque l'acteur principal a perdu le fil de la pièce. Leurs répliques deviennent incongrues. Ils attendent que celui qui va le remplacer remette la représentation sur les rails de l'histoire qu'on leur demande d'interpréter. Comme les acteurs, vos employés ont tout intérêt à ce que vos premières répliques relancent l'action et leur permettent de reprendre leur rôle avec tout le talent qu'ils peuvent y apporter.

En résumé : quand tout va bien, le changement doit s'inscrire dans la continuité. Mais, quand tout va mal, le changement s'impose dans l'immédiat.

J'aime croire que je suis l'une de ces personnes qui s'adaptent aux circonstances changeantes, qui réagissent à ces changements et qui parfois aident à les provoquer.

— MOSHE DAYAN

Partie 3

Les autres premiers rôles : vos collègues cadres

Dans une entreprise où l'environnement suit adéquatement les règles, le cadre « représente » l'entreprise et il travaille pour son supérieur, il ne travaille pas « pour l'employé ou pour les autres cadres », mais « avec l'employé et les autres cadres » afin d'atteindre les objectifs de l'entreprise.

18. CHOISIR SES BATAILLES

En tant que cadre, vous êtes confronté à des jeux de pouvoir, à des remises en question, à des combats d'orgueil, et même à des batailles pour le simple plaisir de la chose. Il est important de bien choisir les luttes que vous déciderez d'entreprendre. Si vous vous engagez dans une bataille, il faut être conscient que cela va consommer beaucoup d'énergie, surtout si vous êtes animé par le désir de ne pas vous retrouver du côté des perdants. Sachez quand vous engager. Il y a des combats qui sont plus rentables que d'autres. Certaines batailles sont productives, d'autres ne le sont pas.

Pour les batailles qui demanderaient beaucoup plus qu'elles ne pourraient rapporter, limitez-vous à affirmer votre position sans entrer dans des discussions sans fin. Vous aurez dit ce que vous pensez et personne ne pourra vous reprocher d'avoir évité vos responsabilités de premier rôle. Les batailles font perdre beaucoup de temps, même quand on a raison. En livrant toutes celles qui se présentent, il y a de grands risques que vous ne puissiez identifier celles dont l'objet mériterait que vous y consacriez toutes vos énergies. Il est plus important d'investir son temps dans le choix de ses batailles que de gaspiller son énergie à s'obstiner dans une bataille qui n'en vaut pas réellement la peine.

Sur les quelques sujets qui comptent, il ne faut pas hésiter à camper fermement sur ses positions, jusqu'en faire une « bataille ». Engagez-vous dans une lutte uniquement si c'est rentable de le faire. N'hésitez pas à reculer si les possibilités de gains s'effritent pour vous engager dans des batailles plus « payantes ».

Le plus grand conquérant est celui qui sait vaincre sans bataille.
— LAO-TSEU

ATTENTION ! La bataille ne devrait être que votre dernier recours. N'oubliez pas que vous travaillez pour une entreprise constituée d'individus avec lesquels vous devrez continuer à composer, même après que les gagnants et les perdants auront été reconnus et proclamés. On ne se bat pas pour les « beaux yeux » de la galerie comme ces cadres-chevaliers en quête perpétuelle d'un tournoi. Ils ne se rendent pas compte que, pendant qu'ils caracolent dans des joutes artificielles, de vraies batailles permettent aux concurrents, de l'intérieur comme de l'extérieur, de conquérir de nouveaux territoires.

Il faut surtout éviter qu'une bataille sur un sujet ne se développe en guerre ouverte entre vous et d'autres acteurs. Vous gagnerez peut-être la présente bataille, mais qu'en sera-t-il de la suivante ?

Plusieurs batailles peuvent être évitées en communicant adéquatement avec ses interlocuteurs par du « travail de coulisse », des conversations et des réunions abordées avec une attitude professionnelle. Vous pouvez avoir toutes les raisons de gagner une bataille contre un ou plusieurs de vos confrères, mais, n'oubliez pas que vous devrez retravailler avec ce même confrère. Lors d'une bataille à l'intérieur de l'entreprise, les perdants sont toujours vivants … De là l'importance de convertir une bataille en une entente négociée ou, mieux, en un consensus finalement reconnu à travers les nuances des discours de chacun.

Avec le temps, les batailles se font de moins en moins nombreuses parce qu'avec le temps, nous acquérons la sagesse de les régler avant même qu'elles ne débutent.

— ANONYME

19. TRAVAIL DE COULISSES : GÉRER LES PERCEPTIONS, PRÉPARER VOS INTERLOCUTEURS.

Oui, vous avez raison. Vous avez fait toutes les recherches nécessaires. Vous avez étudié attentivement tous les dossiers. Vous avez comparé la proposition avec toutes les expériences qui ont été faites en ce domaine. Ce que vous allez proposer vous semble absolument irréprochable. Vous n'attendez plus que l'assemblée du comité appelé à prendre la décision. Vos documents sont prêts. Vous avez repassé des dizaines fois la séquence des arguments qui — vous en êtes certain — vont convaincre toutes les personnes présentes. Vous avez tenté d'imaginer toutes les objections possibles et leur avez trouvé une réponse. Vous avez même résumé, de façon très claire, ces arguments et les avez alignés sur une feuille de papier ou dans un «PowerPoint» répondant à toutes les règles du discours.

Et pourtant, il arrivera qu'un participant soulève une question que vous n'aviez pas prévue. Vous aurez beau vous convaincre que cette question n'est pas pertinente ou – pire – qu'elle est inspirée par une mauvaise intention. Ce n'est pas à votre proposition qu'on s'adresse, mais à l'auteur de la proposition qu'on en veut. Votre confiance sera fragilisée. Vous répondrez sous le feu de l'émotion. Votre belle construction d'arguments va s'effondrer sous les coups portés. Vous devrez, au mieux, la retirer avec une invitation à la revoir, ou, au pire, elle sera définitivement rejetée.

Qu'est-il arrivé ?

Vous aurez oublié une loi fondamentale du travail en équipe : la consultation préalable des collègues afin d'évaluer leur compréhension de votre proposition. On pourrait, ici, parler des bénéfices d'un bon «travail de coulisses». Dans ces rencontres informelles, vous auriez pu découvrir les failles dans vos arguments. Vous auriez pu apprendre que votre proposition risquait d'entraîner des effets que vous n'aviez pas prévus sur le travail de l'équipe dirigée par l'un de vos collègues-cadres. Ou encore, on aurait pu vous raconter qu'une telle proposition avait déjà été discutée avant votre arrivée en poste. Tout cela ne vous aurait pas empêché de poursuivre vos démarches. Mais vous auriez pu les ajuster, apporter des nuances propres à répondre aux inquiétudes de vos collègues. Et même à vous éviter de choquer l'un ou l'autre d'entre eux par votre manque – certes involontaire – d'attention à leurs préoccupations.

La tournée des autres membres de l'assemblée devant laquelle vous devrez soumettre votre proposition vous fait gagner du temps. Certes, cela en exigera un peu plus de temps avant la réunion. Mais vous en perdrez moins, après la réunion, à devoir recommencer l'étude de votre projet, la rédaction d'une nouvelle proposition et l'explication à donner à vos collaborateurs du retard apporté à la satisfaction d'un besoin qu'ils jugeaient important.

S'il arrive que vous n'obteniez pas l'assentiment de tous, vous saurez au moins quels sont vos alliés dans le groupe auquel vous serez confronté. Vous vous serez expliqué à ceux qui sont en désaccord avec votre projet. Vous aurez la possibilité de « **revenir avec de nouveaux arguments** » ou de « **faire disparaître ce qui les irritait** ». Ces deux opérations vont vous demander du temps. Vous serez heureux d'avoir pris ce temps avant le moment crucial de la réunion. Si vous attendez à la réunion, il est possible que ces arguments supplémentaires ou ces ajustements, probablement mineurs, mais indispensables, ne vous viennent pas à l'esprit. Nous avons tous vécu ces expériences de trouver, quelques heures ou quelques jours après la réunion, l'argument ou l'ajustement qui – nous en étions alors convaincus – aurait pu convaincre les autres. Mais il était trop tard.

Et, ce qui n'est pas négligeable, votre supérieur, qui dirige la réunion, vous sera reconnaissant d'avoir contribué à accélérer la réunion et, surtout, de lui avoir évité d'arbitrer un débat entre ses propres collaborateurs. Évidemment, votre tournée aura commencé par son bureau. Vous saurez, immédiatement, si vous devez la poursuivre. Son statut devrait lui permettre de vous éclairer sur l'accueil que vous êtes susceptible de recevoir dans les consultations avec ses autres collaborateurs.

Attention : cette stratégie concerne tous les sujets, car la proposition qui vous semble « évidente » ne l'est pas nécessairement pour les autres. Il n'est pas essentiel de donner un contexte officiel à ces consultations. Cela se fait dans le cadre des rencontres périodiques et informelles entre cadres. « J'aimerais soumettre ces propositions au prochain comité. »

Qu'en penses-tu ? » Si le sujet est plus délicat, vous pouvez inviter votre interlocuteur à prendre un café ou même un repas... à condition que cela se fasse périodiquement, sans donner l'impression de vouloir « acheter » l'acceptation de votre « invité ». Vous ne lui demandez pas de se compromettre définitivement, vous n'attendez pas une acceptation formelle, il s'agit simplement d'un échange entre cadres ayant un intérêt au succès collectif de l'entreprise.

Cette consultation doit être limitée aux autres membres du comité appelé à donner leur opinion sur la proposition. Il serait maladroit de consulter les collaborateurs d'un collègue, avant de s'adresser directement à lui. Vous n'aimeriez pas qu'un cadre « vienne jouer dans vos plates-bandes » ! Ou encore qu'un collègue utilise vos collaborateurs pour vous forcer la main.

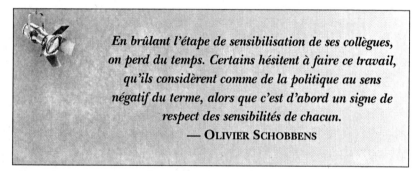

En brûlant l'étape de sensibilisation de ses collègues, on perd du temps. Certains hésitent à faire ce travail, qu'ils considèrent comme de la politique au sens négatif du terme, alors que c'est d'abord un signe de respect des sensibilités de chacun.
— **OLIVIER SCHOBBENS**

20. PESER LES RUMEURS

On dit que l'information a horreur du vide. S'il n'y a pas de nouvelles, on va en créer. Et il y a des personnes qui croient se valoriser en le faisant. L'entreprise est comme un vase clos dans lequel se développe une sorte de bactéries sociales que l'on appelle « rumeurs ». Les porteurs s'imaginent qu'on va leur attribuer plus d'importance s'ils livrent leur lot quotidien de rumeurs plus ou moins fondées. Faisant état d'informations prétendues privilégiées, ils projettent leurs gouttelettes de pseudo-nouvelles tantôt avec une assurance déconcertante, tantôt avec des sous-entendus menaçants.

Le cadre doit être à l'affût de toute information qui pourrait influer sur les activités de son équipe. Vous avez, sans doute, développé un réseau de collègues, dans votre entreprise et à l'extérieur de celle-ci, avec lesquels vous échangez des nouvelles. Mais vous restez en contrôle de ce flux d'information. Vous vous êtes fait une idée de la crédibilité de la source. Si ce n'est qu'une rumeur, elle saura vous l'indiquer en précisant sa propre source.

La prudence est de mise quand le porteur d'une rumeur ne peut se référer qu'à une source anonyme ou à une source de deuxième ou troisième niveau. Un peu comme dans l'expression « l'homme qui a vu l'homme qui a vu l'ours » ! En fait, la valeur de la source garantit celle de la rumeur. Le porteur est-il proche, d'une façon ou d'une autre, de la personne, de l'entreprise ou de la situation qui est le sujet de cette rumeur ? Est-il en train d'extrapoler (on dirait « d'allonger la sauce ») à partir d'un petit morceau de nouvelle entendu par hasard à la radio de son auto (en cherchant la chaîne de musique écoutée habituellement) ou dans la conversation de voisins dans son train de banlieue ?

Méfiez-vous de ceux qui semblent tabler sur les rumeurs pour se rendre intéressants. Si vous leur prêtez une oreille trop attentive, ils en viendront à croire que cela prime, à vos yeux, sur leur performance au travail. Ils seront tentés de cacher leurs faiblesses derrière une bolée quotidienne de rumeurs dont vous apparaissez être friand. Ces porteurs de rumeurs en viennent aussi à consacrer de plus en plus de temps à cette activité aux dépens de leur travail.

Faites-vous un devoir de « trianguler » toute rumeur qui pourrait vous intéresser. « Trianguler », c'est, comme dans la forme géométrique du même nom, chercher deux autres angles qui complètent la nouvelle. Ne cédez surtout pas à la tentation de vous approprier la rumeur, au risque d'être victime, vous aussi, d'une perte de crédibilité auprès de vos collègues. Consultez votre bassin d'informateurs sur le contenu de ce que vous appellerez clairement une « rumeur ». En fait, la meilleure approche serait de demander si votre interlocuteur a entendu parler de développement au sujet de... S'il semble tout ignorer de la rumeur, il vaudrait peut-être mieux attendre que le contenu en soit confirmé par quelqu'un d'autre avant de devenir responsable de sa propagation.

Si la rumeur paraît impliquer, à première audition, des effets négatifs pour votre équipe, attendez avant de lui consacrer vos énergies. Elle est probablement fausse. Si elle devait se révéler fondée, vous le saurez bien assez vite. Planifiez les actions qui vous sont demandées. Vous n'aurez pas le temps de le faire si vous consacrez toutes vos énergies à planifier... ce qui pourrait arriver.

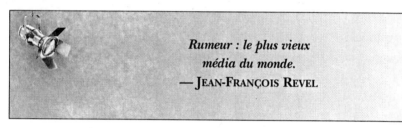

Rumeur : le plus vieux média du monde.
— JEAN-FRANÇOIS REVEL

Partie 4

L'auteur de la pièce : vos supérieurs

21. L'AUTEUR ET LE METTEUR EN SCÈNE

Nous l'avons dit plus haut : l'auteur de la pièce dans laquelle vous jouez, c'est la direction de l'entreprise. Comme tous les auteurs, ils ont imaginé une mise en scène de leur pièce. Mais c'est là toute la richesse, et l'ambiguïté de votre rôle de cadre. Ils partagent avec vous la façon dont chaque acte devra être interprété. Vous êtes comme ces grands acteurs qui tiennent à se mettre eux-mêmes en scène. Dans votre cas, il ne s'agit pas d'une fantaisie de vedette, mais bien d'un mandat. Les auteurs qui vous ont engagé pour réaliser une partie de leur œuvre, en fonction des scènes qui vous sont confiées, ont déjà choisi la façon dont elle sera jouée. Ils ont défini le style des décors et des costumes. Ils ont même précisé le tempo dans lequel l'ensemble devra être interprété.

Le problème, pour eux, c'est que la pièce sera jouée, chaque jour, dans un théâtre différent. La scène sera plus ou moins grande, le public, plus ou moins rapproché. Ils ne seront pas sur les lieux quand on apprendra qu'un acteur doit être remplacé à la dernière minute. Il va falloir constamment modifier la mise en scène pour tenir compte de ces différentes conditions.

Par conséquent, votre équipe doit répondre aux conditions changeantes des ressources disponibles et de la demande des consommateurs. Ce sera à vous d'ajuster la mise en scène ou de redistribuer les rôles afin d'assurer les remplacements.

Vous ne pouvez jouer tous les rôles. Même si vous trouvez qu'un acteur spécialisé n'interprète pas son personnage correctement, vous ne pouvez pas prendre sa place, et vous ne pouvez modifier la mise en scène pour mettre son rôle au rancart. Vous êtes lié par le texte fourni par la direction. Votre mise en scène est limitée par la performance de chacun de vos collaborateurs. Vous les aidez à s'améliorer. Mais vous ne pouvez prendre leur place. La direction compte sur vous pour réaliser l'action qui vous est confiée. Vous pouvez déplacer ou réduire l'importance d'un élément du décor, vous pouvez déplacer ou réduire celle de certains objectifs, mais vous ne pouvez pas changer l'action de la pièce, les priorités de votre entreprise.

La direction de votre entreprise définit l'action que doit suivre la pièce. Elle fixe, à l'aide de ses services de comptabilité et de marketing les points à suivre et à éviter. Ces services évaluent constamment les réactions de la salle, des consommateurs. Vous êtes sur scène ; vous n'avez pas ce point de vue. Votre rôle n'est pas de remettre en question leurs indications, mais bien de coordonner le travail de votre équipe afin de maintenir sa place dans l'action et d'atteindre la conclusion de la pièce qui se renouvelle à chaque représentation.

Il se pourrait que vous soyez tenté de remettre en question le déroulement fixé par la direction, mais ce n'est pas votre rôle ! Car si vous vous donnez ce rôle, vous ne remplirez pas le vôtre. Et comme vous n'êtes pas dans la salle et ne disposez pas des instruments d'observation nécessaires, vous serez rapidement déçu de ne pouvoir remplir un rôle qui n'est pas le vôtre. Or, un cadre «frustré» de ne pouvoir remplir un rôle qui ne lui est pas reconnu par son entreprise, est un cadre... déçu qui, n'ayant plus ni le temps ni l'énergie, ni le goût de remplir son propre rôle, déçoit son entreprise.

Et vos employés comptent sur vous pour garder le contact avec la direction !

Si eux ou vous ressentez un malaise, votre rôle est de comprendre les motifs de la direction. Si vous demeurez avec ce malaise, votre rôle est aussi de lui apporter vos conseils, si vous croyez qu'elle a ignoré un élément à considérer.

L'engagement à l'égard du supérieur immédiat peut devenir une base solide pour créer un attachement à l'entreprise. Il représente l'organisation aux yeux de l'employé. Il est en quelque sorte l'ambassadeur, la personne avec laquelle les employés interagissent le plus souvent et qui joue un rôle essentiel dans la gestion de leurs tâches de travail.

— *Christian Vandenberghe*

Si tu prends un rôle au-dessus de tes forces, non seulement tu y fais pauvre figure, mais encore tu laisses de côté un rôle que tu aurais pu remplir.
— **ÉPICTÈTE**

S'il est improductif d'essayer de jouer le rôle de la direction, il l'est tout autant de l'obliger à jouer celui de ses cadres. Êtes-vous vraiment démuni devant ce problème ? Avez-vous besoin de solliciter l'intervention de vos supérieurs pour obtenir la collaboration d'un autre service ?

Vos supérieurs ne sont pas différents de vous. Ils ont besoin de se concentrer sur leurs responsabilités. Ils ne pourront le faire s'ils sont constamment dérangés par des cadres qui craignent de prendre des initiatives ou qui souhaitent protéger leurs arrières en faisant constamment approuver leurs décisions.

Certes, vous pouvez être confronté à des supérieurs qui pratiquent une micro-gestion de tout ce qui se passe dans leur entreprise. Il faudra, dans ce cas, bien mesurer la marge de manœuvre qui vous est laissée. À quoi bon assumer un premier rôle s'il consiste uniquement à servir de courroie de transmission ? Vous serez annoncé comme premier rôle sur l'affiche de votre théâtre, mais les autres acteurs découvriront vite que ce n'est qu'un titre vide. Même ce rôle de courroie de transmission deviendra lourd à porter, car vous découvrirez que l'on finira par vous ignorer et que vous n'aurez plus rien à transmettre.

Découvrez rapidement les attentes de vos supérieurs. Vous pourrez ainsi mieux y répondre en dosant vos recours à leur autorité. Informez-les de ce qu'ils veulent savoir. Ne les ennuyez pas avec les problèmes pour lesquels ils vous ont engagé.

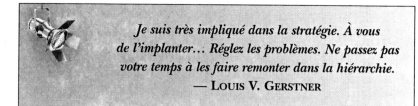

Je suis très impliqué dans la stratégie. À vous de l'implanter… Réglez les problèmes. Ne passez pas votre temps à les faire remonter dans la hiérarchie.
— LOUIS V. GERSTNER

22. DÉSACCORD AVEC LES GRANDS PATRONS

Dans les cas où vous n'êtes pas d'accord avec votre supérieur, évitez de le contredire publiquement, « sur la scène ». Conseillez-le plutôt « en coulisse ». Il appréciera cette démarche, car il pourra évaluer vos arguments, ajuster son discours et même modifier ses décisions sans mettre en péril sa propre crédibilité.

> *Personne ne doit dissocier son avenir personnel de notre sort commun. Et personne ne doit exercer ses talents contre son propre camp.*
> — FRANÇOIS FILLON

Si vous restez en désaccord et si l'enjeu concerne les responsabilités de votre supérieur, vous vous devrez d'être solidaire avec lui et ainsi lâcher prise. Au moins, vous l'aurez conseillé et vous aurez dit ce que vous aviez à dire.

Il peut arriver, dans des cas extrêmement rares, qu'après avoir discuté sérieusement avec votre patron, vous ne puissiez accepter sa position. Vous restez convaincu qu'il met en péril l'entreprise (en êtes-vous bien sûr?) ou qu'il va à contresens de vos valeurs ou de votre devoir de citoyen (disposez-vous vraiment de toutes les informations pertinentes?). Nous vous proposons de vous faire conseiller par des personnes de confiance, d'aller en discuter avec une personne (vraiment indépendante) des ressources humaines, le supérieur de votre supérieur ou des membres de l'autorité décisionnelle en place. Si, malgré cela, vous ne pouvez vraiment pas vous rendre complice d'un comportement ou d'une décision, vous aurez alors à faire un choix : vous retirer de cette organisation ou rester et ne dire mot. Et vivre avec ce choix !

> *Alors, si la nourriture ne te convient pas, change de fournisseur. Personne n'est en prison dans une organisation.*
> — JEAN-LUC TREMBLAY

Nous vous avons signalé que les batailles devraient être votre dernier recours et nous vous avons recommandé de « choisir vos batailles ». Dans ce cas exceptionnel vous opposant à votre supérieur, si vous choisissez d'engager une démarche, soyez certain d'en évaluer correctement les conséquences. Attention : vous ne choisissez pas une bataille, mais vous « déclarez la guerre ». Comprenez bien que, pour vous, les possibilités de retour en arrière seront pratiquement nulles. Soyez certain de ce que vous avancez ! Car si vous choisissez « les feux de la rampe », vos sorties possibles seront le « ciel côté jardin » ou « l'enfer côté cour »… Et ce lieu ne sera probablement pas « la cour des Miracles » !

> *Loin de s'abriter sous la hiérarchie, de se cacher dans les textes, de se couvrir des comptes rendus, le voilà qui se dresse, se campe et fait front. Non qu'il veuille ignorer les ordres ou négliger les conseils, mais il a la passion de vouloir, la jalousie de décider.*
> — **CHARLES DE GAULLE**

23. EXIGEZ LE DROIT À L'ERREUR

Vous commettrez des erreurs. Vous connaîtrez des échecs. C'est le prix de l'audace et de l'initiative. Avant même d'accepter ce rôle de cadre, assurez-vous que l'entreprise a une culture qui accepte les échecs, à condition qu'ils ne soient pas répétés. Sinon, changez de pièce de théâtre ou même de théâtre.

Même si votre rôle est bien écrit, il doit laisser place à une certaine interprétation. Il est possible que l'une de vos répliques, de vos décisions, ne passe pas la rampe. L'important, c'est de vous rendre compte de la faille dans votre jeu et de bien l'identifier. À la prochaine représentation, vous la corrigerez, car l'erreur est omniprésente dans la gestion : une défaillance technique, un mauvais choix d'acteur secondaire, une mise en scène à revoir…

Les erreurs peuvent aussi vous amener vers d'autres chemins.

L'échec, comme la réussite, provoque des émotions fortes. Vous devrez développer une philosophie du dépassement de l'erreur, et en tirer des leçons. Évitez de succomber à la tentation de vous enfermer dans votre «loge», votre bureau, en espérant que l'on oubliera ce qui vient de se passer. Faites le bilan avec votre équipe, sans chercher à trouver un porteur de blâme. En tant que cadre, vous êtes responsable des actions de votre équipe. Mettez votre chapeau de cadre ; ne cherchez pas de «couvre-chef» pour vous dédouaner auprès de vos supérieurs. Vous êtes le chef de cette équipe ; n'essayez pas de trouver quelqu'un qui pourrait couvrir votre responsabilité et vous éviter d'être mouillé par l'averse de reproches qui pourrait s'en suivre. Et si, vraiment, vous n'étiez pas au courant d'une initiative malheureuse dont les effets ont été désastreux, assurez-vous que le responsable comprenne bien les enjeux et le rôle que vous devez jouer dans l'approbation de telles initiatives.

Vous souhaitez «le droit à l'erreur» pour assumer votre «devoir d'initiative» ? Accordez le même droit à vos collaborateurs et attendez d'eux l'acceptation du même devoir.

Il faut considérer l'erreur comme une ennemie dont il faut se faire l'alliée, pour mieux la maîtriser...
— HUGUES DE CHAUNAC

Partie 5

La quatrième dimension : les clients

Au théâtre, il y une quatrième dimension : c'est le quatrième mur qui n'existe pas dans le lieu où se trouvent les acteurs. Cette quatrième dimension, ce quatrième mur, c'est la salle où se trouvent les spectateurs. Ce sont les clients de votre entreprise. En parlant de clients, nous pensons, tout aussi bien, aux donateurs d'une fondation, aux membres d'une association ou aux citoyens bénéficiaires d'un service gouvernemental (aussi, électeurs de vos grands patrons).

24. VOUS ÊTES RESPONSABLE DES CLIENTS

Même si votre unité de travail n'est pas en contact immédiat avec les clients, vos activités interviennent directement dans la satisfaction qu'ils pourront tirer de leurs relations avec votre entreprise. C'est à cette seule condition qu'ils continueront à faire des affaires avec elle, à contribuer à son développement ou à lui conserver leur confiance.

Vous gardez les yeux fixés sur la direction et les indications qu'elle vous donne. Mais vous devez toujours garder un œil sur les attentes des clients.

Il arrivera qu'un problème rencontré par un client remonte la chaîne des activités de l'entreprise et que l'on vienne frapper à votre porte. Vous êtes peut-être convaincu que votre unité n'a commis aucune faute. Vous serez tenté de renvoyer le client vers une autre porte ou de refuser d'étudier le problème avec les responsables de l'unité de première ligne. Qu'est-ce que cela vous donnera d'avoir raison si le client est convaincu que votre entreprise a tort? Si l'on sollicite votre intervention, faites-en « votre » problème. Les collègues de l'unité « sur la touche » vous en seront reconnaissants et vous pourrez compter sur un « retour d'ascenseur » quand vous serez, vous-même, en difficulté.

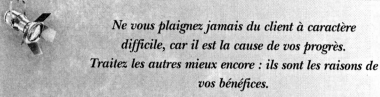

Ne vous plaignez jamais du client à caractère difficile, car il est la cause de vos progrès. Traitez les autres mieux encore : ils sont les raisons de vos bénéfices.
— **AUGUSTE DETOEUF**

Les clients sont partout: dans votre famille, chez vos voisins, parmi vos amis. Au début de ce livre, nous vous avons conseillé de vous réserver des périodes hors de votre rôle de cadre. Mais cela ne devrait pas vous empêcher d'être attentif à ce que vous entendez ou à ce que vous voyez dans vos temps « hors cadre ».

Même quand l'acteur n'est plus en scène, il observe ce qui se passe autour de lui. Un geste, une parole, pourront lui inspirer une nouvelle note pour enrichir son personnage. Le commentaire d'un ami sur les produits ou services de votre entreprise pourrait peut-être vous amener à modifier la façon dont votre unité contribue à sa réalisation ou encore à soulever une question lors de la prochaine réunion de cadres.

> *La raison d'être d'une entreprise est de créer*
> *et de garder un client.*
> — THÉODORE LEVITT

25. N'OUBLIEZ PAS LES CLIENTS INTERNES

Il y a aussi les « clients » internes de l'entreprise lorsque votre unité est en séquence ou en intendance par rapport aux activités des autres unités. Vous avez l'impression qu'ils ne peuvent se passer de vous ? Vous n'avez pas entendu parler de l'impartition de certaines activités à des prestataires externes qui prétendent arriver aux mêmes résultats plus rapidement et à moindre coût ? Si cela devait arriver à votre unité, croyez-vous vraiment que l'entreprise ne saurait se passer des services d'un cadre qui n'a pas su réaliser et démontrer l'utilité de son unité dans l'ensemble des activités ?

> *Ne demandez pas ce que votre client peut faire pour*
> *vous, mais ce que vous pouvez faire pour vos clients.*
> — FAITH POPCORN

Partie 6

L'acteur et son miroir : être, dire et faire (EDF)

Après avoir regardé vos employés, collègues, supérieurs et clients, tournez-vous maintenant vers vous, car ce que vous êtes, dites et faites reflètent la façon dont vous souhaitez interpréter votre rôle de cadre, et aussi la façon dont les autres interpréteront, à leur tour, leur rôle lorsqu'ils seront en scène avec vous.

Nous regroupons ces «annexes» pratiques autour des termes «être, dire et faire».

Nos lecteurs français comprendront que nous avons utilisé les 3 lettres EDF (Électricité de France) dans le but de leur signaler que les suggestions qui suivent ont pour dessein de «survolter le courant» entre le cadre et les autres acteurs, «d'électriser» leurs présences en scène.

26. *ÊTRE* ÉCONOME DE VOTRE TEMPS ET DE VOS ÉNERGIES

Il est tentant de se croire indispensable sur tous les plans. On croit ainsi impressionner ses employés et ses patrons en confondant «réactivité» et «hyperactivité». Le terme «réactivité» est à la mode : l'entreprise doit être «réactive» à l'évolution des besoins de ses clients et de l'offre de ses concurrents. Le cadre doit être «réactif» aux problèmes présentés par ses employés et aux demandes transmises par la direction. Vous n'y parviendrez qu'en vous fixant des priorités. Nous disions que vous étiez aussi le metteur en scène de la partie de l'action qui appartient à votre équipe: alors, planifiez vos mouvements sur scène et suivez-les.

> *Pour alléger le poids qui pèse sur eux, les managers doivent rétablir eux-mêmes la hiérarchie de leur valeur ajoutée. En faire moins, mais en ciblant ce qu'ils vont faire en fonction de la cohérence interne de leur entreprise.*
>
> — ERIC ALBERT

Organisez votre agenda en fonction des priorités que vous avez identifiées. Bloquez des périodes où vous pourrez vous concentrer sur chacune d'elles. Fermez votre porte. Réservez-vous des périodes sans courriel ni réponse téléphonique. Informez-en vos employés. Ils doivent savoir que, pendant ces périodes, vous ne serez prêts à répondre qu'aux urgences. Si c'est une urgence, qu'ils viennent frapper à votre porte ou, s'ils sont au loin, qu'ils rejoignent quelqu'un qui le fera pour eux, et rappelez-leur ce qu'est une «vraie urgence»: un problème qu'ils ne peuvent régler seuls, avec des collègues ou d'autres ressources de l'entreprise… et qui exige une réaction immédiate. Amenez-les à reconnaître que cela arrive, finalement, assez peu souvent.

Ce sera difficile. Nous sommes tous devenus dépendants de ces instruments de communication instantanée que sont le courriel et le téléphone. Reconnaissons que nous aimons bien, parfois, être «dérangés» pour abandonner ou reporter une tâche difficile ou moins agréable que les autres. Cela s'appelle de la procrastination. Toute excuse est la bienvenue pour remettre à plus tard. Comme si l'acteur souhaitait que le souffleur lui glisse une réplique d'une autre pièce pour sortir d'une scène difficile à jouer.

Il ne suffit pas de bien programmer votre temps et vos dépenses d'énergies. Il faut aussi que cette programmation puisse se réaliser dans un environnement qui en facilite la réalisation.

Qu'en est-il de votre lieu de travail? Nous parlerons plus loin de votre bureau. Pensons simplement à la disponibilité des documents et des instruments dont vous avez besoin. Devez-vous faire une longue recherche pour trouver cette lettre à laquelle vous vous référez? Ou pour mettre la main sur le téléphone cellulaire que vous avez déposé... quelque part dans votre bureau?

Pourquoi tous ces objets, tous ces documents sont-ils sur votre bureau, sur les chaises ou sur le dessus d'un classeur? Vous pensez vraiment que vous voudrez, un jour, relire l'article de ce magazine?

Vous vous êtes pourtant promis de classer ou de vous débarrasser de tout ce qui n'exigeait pas une réaction ou une utilisation à court terme. Mais vous hésitez. «Peut-être que...»

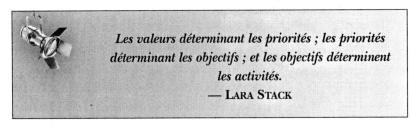

Les valeurs déterminant les priorités ; les priorités déterminant les objectifs ; et les objectifs déterminent les activités.
— LARA STACK

27. *ÊTRE* CONSTANT DANS VOTRE RÔLE

Basé sur son expertise et son expérience, un cadre crédible et respecté dans une organisation joue en tout temps son rôle. **Il porte continuellement son chapeau de cadre.** Ce qui importe, c'est ce qu'il est (son expertise, être bien dans sa peau de cadre) et ce que les autres en perçoivent (son comportement).

Le chapeau de cadre fait maintenant partie de votre costume. Vous avez revêtu ce costume parce que vous pensiez qu'il vous donnait fière allure ou que ses poches allaient être plus grandes pour y recevoir les bénéfices associés à ce rôle ? Il comporte aussi un chapeau qui rappelle aux autres vos activités de cadre. Ce n'est pas un chapeau que vous pouvez mettre et enlever au gré de vos humeurs du moment.

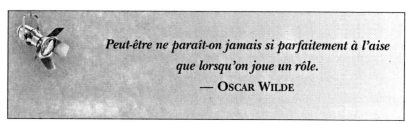

Peut-être ne paraît-on jamais si parfaitement à l'aise que lorsqu'on joue un rôle.

— OSCAR WILDE

28. *ÊTRE* VOTRE COSTUME ET VOTRE MAQUILLAGE

Pour bien camper son rôle, l'acteur choisit avec soin son costume et son maquillage. Ces accessoires permettent à ceux qui le voient entrer en scène d'avoir une bonne idée du personnage qu'il va interpréter avant même qu'il n'ouvre la bouche.

Puisque, comme nous l'avons dit plus haut, vous ne pouvez enlever votre chapeau de cadre tant que vous êtes sur scène, vous avez davantage de latitude pour vos vêtements. Il y a plusieurs écoles en ce domaine. Classique. Décontracté. Bohême. Cela dépend de la nature de votre entreprise. L'habit classique dit «du banquier» ne conviendra peut-être pas, par exemple, au cadre qui œuvre dans une entreprise à vocation artistique ou populaire.

Devez-vous vous habiller comme vos patrons qui passent leurs journées dans les bureaux de la haute direction? Ou comme vos employés avec lesquels vous devrez fréquemment partager les mêmes lieux de travail? Que vont penser vos employés? Que vous êtes plus près des patrons que de vos collaborateurs? Que vous vous déguisez pour leur faire croire que vous partagez leurs préoccupations?

Votre rôle consiste à faire le pont entre les grands patrons et vos employés. À quel côté du pont allez-vous vous associer dans vos vêtements?

Il n'y a pas de réponse universelle à cette question. Un guide? Si vous pensez plus de temps dans votre bureau que dans les lieux de travail de vos employés, portez le costume des gens de bureaux. Dans le cas contraire, arrangez-vous pour être confortable... et rendre les personnes qui passent la majorité du temps avec vous, tout aussi confortables. Si vous passez beaucoup de temps avec les uns et les autres, pourquoi ne pas garder, dans votre bureau, un veston et un gilet de travail (survêtement de laboratoire, gilet industriel...)?

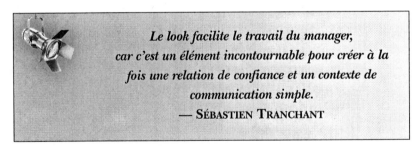

Le look facilite le travail du manager, car c'est un élément incontournable pour créer à la fois une relation de confiance et un contexte de communication simple.

— Sébastien Tranchant

En plus de son costume, l'acteur peut jouer avec son maquillage. Il se maquille afin de faire ressortir certains traits de la personnalité de son personnage. Pour le cadre, le maquillage, ce sont ses attitudes devant ses collaborateurs, ses collègues et ses supérieurs. Il ne s'agit pas d'un camouflage, mais bien d'un maquillage mettant en valeur les traits de votre responsabilité de cadre.

L'authenticité dans votre rôle de cadre est importante. Vous ne serez pas heureux dans ce rôle si vous faites semblant d'être quelqu'un d'autre ou si vous copiez des attitudes n'étant pas les vôtres. Mettez en valeur votre authenticité avec un maquillage de qualité, un maquillage qui met en valeur votre responsabilité dans l'entreprise, mais pas un masque qui cache vos idées ou qui cherche à vous créer un personnage dont vous n'êtes pas.

Un cadre qui a appris à affirmer ses opinions, sans mettre le feu aux poudres, sera apprécié. Parce qu'il apporte un « éclairage » nouveau dans une discussion, il n'a pas à faire semblant de soutenir des opinions qu'il ne partage pas. Au contraire, même si ses opinions ne sont pas privilégiées, il aura permis aux autres de voir les choses d'une autre façon. Et qui sait, l'avenir lui donnera peut-être raison…

Lorsque vous regardez autour de vous, quel type de personnalité vous inspire le plus confiance ? À quel genre de personne pourriez-vous vous confier plus facilement ? Est-ce celui qui « fait le bouffon » ? Ou effectue des blagues ? Ou celui qui rit continuellement des blagues des autres ? Ou celui qui est sérieux, mesuré, modéré ?

On peut aimer côtoyer les personnes « bouffonnes » pour se détendre. Mais ce n'est pas, en premier lieu, vers elles qu'on ira lorsqu'on aura un problème ou un conseil à demander, une responsabilité ou même une promotion à donner. Alors, même si vous aimez parfois vous « éclater », comme cadre, pensez à avoir une attitude modérée en tout temps. Vous serez identifié comme quelqu'un de confiance. Réservez ces moments d'éclatement pour vos « autres rôles ».

Autre avantage que vous apportera cet état d'esprit : il vous aidera à éliminer le « brouillard » créé par les moments de distraction, ces moments artificiellement ou consciemment créés par votre entourage.

Un acteur est crédible et respecté dans son milieu, s'il endosse entièrement son personnage. Pourquoi les films intéressants nous emportent? C'est qu'ils sont joués sérieusement par des acteurs professionnels. Qu'est-ce qui fait qu'un cadre est considéré comme étant une personne de confiance? C'est qu'il assume entièrement, sérieusement et professionnellement son rôle dans l'entreprise.

Il ne faut pas confondre «sérieux» et «sévère». Le personnage sévère est triste et infecte les autres de sa tristesse. Vous ne voulez sûrement pas condamner le plaisir que vos employés pourraient tirer de leur participation aux réalisations de votre unité? Il vous arrivera de sentir le besoin de détendre l'atmosphère; vous travaillez avec des personnes et non des machines. Une blague ou une histoire drôle «bien placée» est toujours appréciée... aux bons moments. Soyez judicieux dans le choix des moments d'enthousiasme, mais gardez en mémoire d'être réservé dans votre façon d'exprimer votre enthousiasme.

Attention au rire. La démonstration du rire, à certains moments, peut même mettre fin à votre crédibilité. Cela ne veut pas dire d'être sévère, c'est à dire sérieux au point de s'abstenir totalement de rire. Mais soyez conscient que vous n'êtes pas le «bouffon du roi», mais le «représentant du roi».

Ce n'est pas tant le rire qui est le problème, mais c'est le décodage, positif ou négatif qu'en feront les personnes qui vous entourent (positif: on peut rire d'une bonne blague; négatif: on peut sous-entendre que vous riez de quelqu'un). Finalement, emporté par votre humeur exubérante, vous pourriez être amené à oublier votre rôle. Les personnes autour de vous, même si cela ne paraît pas toujours, vous observent: vous êtes le représentant de l'entreprise.

N'oubliez pas surtout que si les autres cherchent à voir en vous le représentant de l'entreprise, ils vont aussi tenter d'y trouver un modèle pour programmer leur comportement.

On parle de «benchmark» pour utiliser une entreprise comme modèle pour une autre. Or, vous êtes, peut-être sans le vouloir, le «benchmark» de vos collaborateurs.

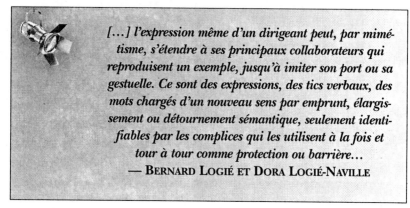

[...] l'expression même d'un dirigeant peut, par mimétisme, s'étendre à ses principaux collaborateurs qui reproduisent un exemple, jusqu'à imiter son port ou sa gestuelle. Ce sont des expressions, des tics verbaux, des mots chargés d'un nouveau sens par emprunt, élargissement ou détournement sémantique, seulement identifiables par les complices qui les utilisent à la fois et tour à tour comme protection ou barrière...
— BERNARD LOGIÉ ET DORA LOGIÉ-NAVILLE

29. *ÊTRE* VOTRE DÉCOR : VOTRE BUREAU

Quel message votre bureau livre-t-il à ceux qui y entrent? Sortez dans le corridor et entrez dans votre bureau, comme si c'était la première fois. Quelle image auriez-vous de la personne qui y travaille? Un esprit ordonné ou brouillon?

Au théâtre, le concepteur de décor sait bien que ce dernier va influencer le jeu des acteurs et la perception des spectateurs. Un décor d'époque avec des meubles imposants et des tentures lourdes n'aura pas le même effet qu'un décor stylisé, composé de formes géométriques. Il doit s'ajuster aux besoins de la pièce de l'auteur.

Qu'est-ce que les dirigeants de l'entreprise vous demandent de réaliser? Pourquoi vous ont-ils engagé comme cadre? Quel rôle vous ont-ils confié?

La gestion rigoureuse de votre unité de travail? Le développement de la créativité de votre équipe? Une meilleure prise en compte des besoins des clients, des bénéficiaires, des citoyens? Est-ce que le décor de votre bureau témoigne de ce mandat? A-t-il des allures de bureau de banquier dans une entreprise de construction? Les murs sont-ils nus comme dans une unité de soins ou chargés comme dans un musée ? Les images (photos, peintures, diplômes) exposées rappellent-elles votre expertise, votre cheminement dans l'entreprise, vos goûts et loisirs ou vos goûts personnels ?

Il n'y a pas de règle universelle, sauf une : votre bureau en dit beaucoup sur ce que vous êtes. Préférez-vous la discrétion ou l'exhibition ?

Il y a aussi la façon dont vous aménagez les différents espaces de votre bureau. L'espace de discussion avec ceux qui viennent vous parler est-il concentré autour de votre bureau ? Y a-t-il une barrière entre vous qui êtes derrière, à votre poste de commandement, et les autres qui sont devant, comme en comparution devant un tribunal ? Ou cet espace est-il divisé ou réparti autour d'une table de travail permettant des échanges plus conviviaux ?

Vous cachez-vous derrière des piles de documents et un écran qui bloque la vue et attire, involontairement, ou… volontairement, votre regard durant les conversations ?

Vaudrait-il mieux prendre une assurance-accident avant d'enjamber les boîtes et les colonnes de papier qui couvrent votre plancher ?

Et cette imposante horloge qui trône sur l'un des murs et que vous consultez régulièrement durant les discussions ?

Le décor n'est-il pas
le complément indispensable de l'œuvre ?
— André Antoine

30. *ÊTRE* QUAND VOUS SORTEZ DE SCÈNE : L'ENTRACTE ET LA TOMBÉE DU RIDEAU

Tout comme l'acteur, vous consacrez vos énergies à l'exercice de votre fonction de cadre. Vous avez le droit de prendre quelque temps de repos. Au théâtre, on a recours à l'entracte qui permet aux acteurs d'avoir quelques minutes de repos. C'est pareil dans les sports où les matchs sont entrecoupés de périodes de repos pour les joueurs qui viennent d'épuiser leurs énergies dans la réalisation de leurs habiletés physiques.

Vous avez des entractes sous forme de vacances. Ce n'est pas un cadeau de votre entreprise. C'est, de sa part, une assurance contre les risques d'épuisement qui pourraient grandement réduire votre contribution à son rendement.

Nous savons bien que vous êtes tenté de vous croire «indispensable». Et pourtant, la qualité de votre gestion devrait s'exprimer par la capacité de votre équipe de fonctionner en votre absence.

C'est le fondement de notre rencontre avec vous, lecteurs. Votre rôle de cadre est important. Mais ce n'est qu'un rôle parmi d'autres. Vous avez aussi celui d'ami, de compagnon, de conjoint, de parent. Il faut consacrer du temps à ces rôles. Les vacances sont les moments privilégiés pour le faire.

Certes, vous ne pouvez couper le «cordon ombilical» qui vous relie au fonctionnement continuel de votre équipe. Vos collaborateurs doivent toujours pouvoir vous rejoindre en «cas d'urgence». À vous de préciser ce que vous entendez par cela. La délégation de confiance que vous aurez établie avec vos collaborateurs sera alors mise en opération en temps réel.

Puis, un jour, vous arriverez à décider de quitter votre équipe. Vous serez promu à d'autres responsabilités dans l'entreprise, ou vous irez dans une autre entreprise ou vous prendrez votre retraite imposée par votre âge ou votre désir de vous consacrer à des intérêts personnels. Ce sera une «tombée de rideau finale». Chez les acteurs, cela implique un concert d'émotions partagées aussi bien par les collaborateurs que par les clients.

Ne vous faites pas d'illusions. On vous dira que l'on souhaite conserver votre complicité. Mais l'entreprise va continuer à fonctionner sans vous. Mettez toutes vos énergies à transmettre à votre successeur les informations les plus pertinentes. Puis, après vous être soumis, avec grâce, aux « applaudissements », quittez la scène... définitivement. Vous avez choisi de partir... PARTEZ !

Je n'ai jamais ressenti de dépendance
au pouvoir
— VLADIMIR POUTINE

31. *DIRE* CONSTRUIRE VOS ARGUMENTS

Vous n'êtes ni un danseur ni un mime. Certes, vos attitudes corporelles livrent des messages à vos interlocuteurs. Mais, comme l'acteur, la parole verbale ou écrite, est votre principale instrument de communication. Vous devez convaincre. Que vous donniez un conseil, une suggestion ou un ordre, il faudra trouver la meilleure façon de les transmettre. Vous pouvez jouer sur plusieurs registres d'émotions ou d'argumentations. La rhétorique classique grecque et latine parlait de l'Éthos, du Pathos et du Logos. Derrière ces termes techniques se cachent des réalités de vos conversations de tous les jours.

> *L'ÉTHOS n'est rien d'autre que le « caractère » du locuteur, son rôle social, son statut, qui lui permet de dire ce qu'il dit, donc ce qui va faire qu'on va le croire. L'éthos, c'est l'argument d'autorité enfoui au creux de tout discours.*
>
> *À un moment donné, on s'arrête de questionner l'orateur ; on accepte ce qu'il dit, on se dit qu'il est dans le vrai, puisqu'il le dit.*
>
> — *M. Meyer*

Vous êtes le patron de votre équipe. Même si vous souhaitiez qu'on l'oublie et qu'on vous écoute pour votre expertise, vous conservez l'image d'un premier rôle. Vous représentez la direction de votre entreprise. En vous écoutant, vos employés doivent être convaincus que vous parlez au nom de cette direction. Cela implique que vous avez dû vous assurer que vos paroles correspondent bien aux intentions de cette direction. Certes, vous n'avez pas à valider auprès de cette dernière chacune de vos décisions ou de vos interventions. Mais vos employés n'ont pas à le faire ; c'est votre rôle. Ils doivent pouvoir être assurés que vous l'avez fait. Sur scène, les acteurs ajustent leurs répliques et leurs mouvements sur ceux du premier rôle. Ils supposent que ce dernier s'est assuré d'être conforme à la pièce qu'ils doivent interpréter. Ils peuvent donc s'ajuster à lui, en tenant pour acquis que cet ajustement ne les amènera pas à sortir de scène pour cause d'insignifiance ou d'impertinence par rapport à l'action.

Dans votre position de cadre, l'ÉTHOS c'est la confiance qu'a votre entourage dans ce que vous leur demandez et dans ce que vous leur communiquez. Ils ne vous remettent pas en question, ils acceptent sans réserve ce que vous leur dites. Cette compétence deviendra vite éphémère si vous l'utilisez pour des fins illégitimes ou personnelles. Ils commenceront alors à vérifier, auprès d'autres sources, si ce que vous leur soumettez est conforme.

Si vous représentez la direction pour vos employés, ces derniers s'attendent, aussi, à ce que vous les représentiez auprès de cette direction. Quand celle-ci vous écoute, elle suppose qu'elle entend votre équipe. Vous ne parlez pas en votre nom seul, mais en celui de vos employés qui ont besoin d'être entendus lorsque vient le temps de distribuer, au sein de l'entreprise, les mandats et les ressources consacrées à chaque équipe.

Le LOGOS recouvre l'ensemble des argumentations logiques fondées sur un usage de la dialectique… Le PATHOS, c'est l'émotivité, les passions, les sentiments qui transparaîtront dans le discours, ou qui fonctionneront en arrière-plan.

— *Alain Jaillet*

Une fois que vous avez bien établi votre premier rôle, c'est le temps de recourir aux arguments (le LOGOS) qui justifient votre intervention. La direction a besoin de connaître les raisons de vos demandes, les bases de vos affirmations. Vos employés, aussi! Avant d'entrer en scène, revoyez vos répliques. Votre argumentation a un début et une fin. Un début qui établit le contexte, et aussi une fin qui vous évite d'avancer sur des terrains inconnus. Vous avez quelque chose à dire. Dites-le. Puis laissez les autres vous donner la réplique. Vous avez eu le premier mot; vous n'êtes pas obligé d'avoir le dernier. Laissez la pièce «avancer». Vous reprendrez la maîtrise du jeu quand vous serez certain que les autres acteurs auront eu le temps de livrer toutes les répliques suscitées par la vôtre.

Le PATHOS est un instrument très fragile. S'il est absent, le discours se dessèche; s'il est trop présent, le discours explose. Vos arguments (LOGOS) sont à la base de votre intervention. Vous les avez bien construits. On sait que vous êtes le cadre responsable de l'équipe qui reçoit, ou pour laquelle vous présentez, ces arguments. Ces derniers n'ont pas besoin d'être portés, en fait alourdis, par la passion. Celle-ci ne doit pas soutenir les arguments, mais la tâche que vous avez à accomplir avec votre équipe. On doit vous savoir passionné par votre rôle et par votre tâche, et ainsi comprendre que votre intervention est soutenue par des sentiments telles la fierté de remplir ce rôle et la loyauté envers l'entreprise... et vos employés, mais ces sentiments ne doivent pas être exprimés lors de la présentation des arguments. Faites-en la démonstration à d'autres occasions. C'est pour cela que l'on organise, dans les entreprises, des événements spéciaux, des petites fêtes, des cérémonies. C'est lors de ceux-ci que vous pourrez exprimer, sans exagération malvenue, ces sentiments. Et cela se voit dans votre comportement quotidien. Il n'est pas toujours utile de déclarer ses sentiments; il suffit de les vivre. Le premier rôle n'a pas besoin de rappeler, à chacune de ses répliques, les sentiments qui l'animent. C'est dans l'ensemble de ses paroles et de ses mouvements qu'il a établi les sentiments de son personnage. Mais encore faut-il que ce premier rôle vous inspire de la passion !

Sautiller et barboter dans l'eau, cela ne signifie pas qu'on soit en train de nager !
— MICHAEL LEBOEUF

32. *DIRE* PLANIFIER VOS DISCOURS

Pour vos discours, nous vous proposons la formule S.O.F.T.

S : pour le sujet. Il est important de s'assurer que votre interlocuteur comprenne bien le contexte dans lequel vous voulez échanger avec lui. Même si vous utilisiez les meilleurs arguments, vous n'arriveriez à rien, si ce dernier replace ses arguments dans un contexte qui n'est pas celui dans lequel vous voulez les traiter. Par exemple, vous pourriez défendre votre point de vue par rapport à une décision concernant un budget de fonctionnement. Si l'autre pense qu'il s'agit d'un investissement à long terme, vos arguments tomberont fatalement à plat. Ou pire, ils seront mal compris et vous risquez que ce malentendu vous cause des ennuis par la suite.

O : pour l'objet de votre discours, c'est-à-dire sur quoi porte concrètement votre intervention. Même si votre interlocuteur comprend bien le sujet que vous abordez, il faut qu'il identifie, dans les différents aspects de ce sujet, l'objet qui doit solliciter son attention. Il y a peut-être plusieurs objets qui sont, à ce moment-là, discutés. Préciser lequel vous intéresse.

F : pour la focalisation de votre discours. Parmi tous les arguments qui militent en faveur de votre proposition, certains d'entre eux sont plus ou moins percutants. Certes, vous pouvez les mentionner. Mais il faut conclure sur celui qui vous semble le plus efficace pour obtenir l'adhésion de votre interlocuteur.

T : pour transaction. Dans tout discours, il y a un échange avec l'interlocuteur. Il y a une transaction de bénéfices qui l'amènera à trouver des avantages dans votre proposition. Il faut souligner les bénéfices qu'il pourra en tirer, lui-même ou son équipe, s'il s'agit d'un autre cadre, afin d'assurer son adhésion. Ces bénéfices peuvent vous sembler évidents. Mais, comme le disait Talleyrand, « si cela va sans le dire, pourquoi ne pas le dire ? »

On ne peut rien tenir pour acquis. Assurez-vous que votre interlocuteur a bien saisi tous ces éléments de votre discours. Par des questions précises, vous pourrez vérifier sa compréhension. Ne mettez pas un terme à votre discours tant que vous n'avez pas vérifié cela. En suivant l'ordre des éléments que nous venons de vous proposer, vous serez assuré que votre interlocuteur aura bien saisi vos objectifs. N'oubliez pas que nous sommes tous pressés et distraits. Nous avons d'autres préoccupations que celle qui fait l'objet du discours du moment. En suivant la progression S.O.F.T. vous développerez une routine de discours qui vous évitera d'oublier des éléments et de vous retrouver, quelque temps plus tard, devant une mauvaise compréhension de votre intervention.

33. *DIRE* LE TRAC, MÉTAMORPHOSER NOTRE REGARD EN MODE « THÉÂTRE »

Vous avez un exposé important à préparer, des documents à faire approuver ou une présentation à livrer devant plusieurs personnes. Vous avez tout organisé dans les moindres détails. Mais, catastrophe ! Quelques minutes avant votre entrée en scène, votre cœur se met à battre rapidement. Votre gorge se crispe, des papillons virevoltent dans votre ventre, vos jambes veulent vous laisser tomber, votre texte et vos idées vous échappent, vous êtes en train de perdre le contrôle de vos moyens...

Vous croyez être le seul à qui cela arrive ? Détrompez-vous, le trac c'est l'affaire de tous.

Que faire ?

Répétez-vous que vous êtes un acteur et que vous avez à jouer votre rôle. Mettez votre chapeau de professionnel ! Ramenez votre regard en mode « théâtre ». Vous verrez que le trac qui précède votre « prestation » disparaîtra progressivement dès que vous monterez sur scène ! Vous pourrez rester inquiet au fond de vous ; mais, cela ne concerne pas votre rôle. Donc, montez sur scène et jouez-le ! Les qualités qui ont amené vos employeurs à vous nommer cadre vont reprendre du service. Vos patrons vous ont fait confiance ; faites de même !

Il faut pratiquer régulièrement cette métamorphose, ce passage de votre personnalité composée de plusieurs rôles vers la concentration sur un seul rôle, celui de cadre. Il faudra parfois vous faire violence pour échapper à l'influence des autres rôles qui composent votre personnalité. Ces rôles d'ancien enfant, de conjoint en tension ou d'ami en période d'incompréhension, ne devraient pas apparaître sur la scène de votre travail. Le souvenir d'échecs ou de malentendus qu'ils retrouvent dans votre mémoire est en train d'handicaper la performance de votre rôle de cadre. Laissez votre rôle de cadre prendre le devant de la scène. Vous réglerez les problèmes de vos autres rôles en d'autres temps et d'autres lieux.

Cela s'applique aussi quand quelqu'un vous pose une question que vous n'avez pas anticipée, ou qu'un collègue essaie de vous rendre mal à l'aise ou de vous faire paraître désorganisé.

> *Le trac est fondamentalement le même chez un champion et chez un débutant. La différence vient que le premier a appris à mieux le maîtriser que le second.*
> — JOHN MCENROE

34. *DIRE* PRUDENCE ET CONFIDENTIALITÉ

Vous avez peut-être l'impression que votre entreprise n'a rien à cacher. Et pourtant, elle possède des informations stratégiques sur ses projets, ses fournisseurs et ses clients. Comme employé, vous pouviez peut-être laisser les préoccupations de confidentialité à vos supérieurs. En revanche vous êtes cadre, et vous êtes donc responsable des informations qui vous sont confiées.

Tout le monde est pour la vertu de transparence. Mais il ne faut jamais oublier que vous œuvrez dans un marché très concurrentiel et que certains sont prêts à tout pour vous en soutirer une partie. Dans l'entreprise privée tout comme dans un organisme gouvernemental, il y a les jalousies interdépartementales, les ambitions effrénées et les enjeux politiques qui peuvent amener des personnes à espionner vos travaux.

Ne soyez pas paranoïaque, mais vigilant, et habituez vos collaborateurs à l'être aussi. Si votre équipe travaille sur un projet particulièrement sensible, distribuez les informations pertinentes entre ses membres. Certes, vous cherchez à créer un esprit d'équipe ; mais cela n'implique pas nécessairement un partage de toutes les informations lorsqu'elles ne sont pas indispensables à la contribution de chacun. En agissant ainsi, vous rendrez un service à l'entreprise et aux personnels, moins de temps sera alors investi à s'arrêter sur des informations non pertinentes à leurs rôles.

Certains textes que vous publiez devraient-ils être caviardés ? Cette expression provient de l'époque, où en Russie, les bureaux de censure du pouvoir tsariste noircissaient des mots ou des phrases politiquement incorrects dans les journaux et autres publications. On disait que le noir de l'encre ressemblait à des taches de caviar… d'où l'expression « caviarder » un texte, expression encore utilisée dans nos milieux juridiques pour la protection de la vie privée de certaines victimes.

Évidemment le caviardage est particulièrement visible. On devine qu'il y a présence d'informations sensibles et on essaiera de les découvrir. Mais cela peut s'imposer dans certaines conditions où on ne sera pas surpris de constater que l'on a pu y avoir recours. Dans d'autres cas, il s'agira seulement de se demander si les détails fournis sont indispensables à l'information que l'on veut livrer, et surtout si, dans un autre contexte, l'information apparemment anodine ne pourrait pas prendre une signification plus large que celle qui était initialement voulue. On répète que les paroles s'envolent, mais les écrits restent. Avec les différents instruments d'enregistrement et de transmission, cela est de moins en moins vrai pour les paroles. Mais cela est toujours vrai pour les écrits. N'oubliez jamais que l'écrit que vous avez transmis pour répondre à une question ponctuelle peut réapparaître dans quelques mois et dans des conditions différentes. Assurez-vous de clairement dater vos écrits et d'en conserver copie avec preuve de datation, et cela s'applique autant pour vos écrits sur écran que sur papier. Personne ne veut, ni ne doit surcharger la mémoire de son ordinateur ou les tiroirs de son classeur. Mais…

Les conversations dans les lieux publics, comme les restaurants, les trains ou les avions, peuvent être entendues par des personnes ayant un intérêt dans les dossiers discutés. Connaissez-vous les gens qui sont assis à la table ou sur le siège d'à côté ? Vous avez peut-être l'impression de ne parler que de choses « insignifiantes ». Mais comment cela pourrait-il être interprété par quelqu'un d'autre ?

Rangez vos dossiers. Vérifiez les paramètres de vos courriels (assurez-vous d'inscrire les bonnes adresses électroniques des destinataires). Vérifiez la confidentialité de votre téléphone intelligent. Sécurisez votre ordinateur. Changez périodiquement vos mots de passe. Cela n'exige que quelques habitudes de prévention. Les services techniques de votre entreprise sauront sûrement vous fournir des conseils utiles.

Faites périodiquement une liste des informations confidentielles traitées par vous et votre équipe. Vérifiez leur protection. Rappelez à vos collaborateurs les mesures qu'ils devraient prendre.

Avez-vous une politique quant à l'accès aux espaces de travail? Le niveau de confidentialité de vos travaux n'exige peut-être pas l'installation de portails d'accès avec cartes personnalisées. Mais est-ce normal que des « inconnus » puissent se déplacer dans vos bureaux? Les visiteurs sont-ils reconduits à la sortie? Il y va non seulement de la sécurité de vos informations, mais aussi de celle de vos équipements et des biens personnels de vos employés. Vous voulez que vos espaces de travail soient conviviaux. Ne forcez pas vos collaborateurs à fermer la porte de leur bureau pour se protéger contre de telles intrusions. Sécurisez votre espace collectif pour ne pas avoir à enfermer les espaces personnels, créant des cellules étanches entre les membres de votre équipe.

Une violation de la confidentialité n'arrivera peut-être jamais. Mais si cela arrive, les conséquences peuvent être graves pour votre entreprise... et pour vous.

Diriger un service, manager une équipe, être responsable du travail accompli par ses collaborateurs est le premier rôle d'un cadre. Au cœur de décisions stratégiques, le cadre est contractuellement tenu par une clause de discrétion, parfois même par une clause de non-concurrence et plus généralement à une obligation de loyauté.
— WWW.FEMMEACTUELLE.FR

35. *FAIRE* TENIR DE « VRAIES » RÉUNIONS

Il faut savoir gérer vos réunions. Et surtout les organiser pour que vous et vos collaborateurs en tiriez le maximum de profit. N'oubliez pas qu'une réunion, c'est un peu comme une intervention chirurgicale. C'est quelque chose d'exceptionnel. C'est un choc dans la routine quotidienne. Tout comme une intervention chirurgicale, elle doit être préparée pour que les participants y apportent une contribution utile à vos objectifs et satisfaisante pour chacun d'entre eux. Elle doit aussi être suivie d'une période de convalescence pendant laquelle les participants retournent à leur lieu et groupe de travail avec la possibilité de démontrer la valeur ajoutée pendant ce temps d'absence.

Trop de réunions ne sont pas de « vraies » réunions. Ce sont des rencontres sans ordre du jour ou des cérémonies pendant lesquelles l'acteur principal se livre à un monologue et laisse aux autres acteurs l'impression de n'être que des figurants.

Assurez-vous que tous les participants possèdent à l'avance les informations suivantes :

- la date, l'heure et le lieu

- les sujets qui seront discutés (en incluant, s'il y a lieu, les documents afférents)

- les participants

Comment voulez-vous que vos collaborateurs ou vos collègues puissent contribuer à la discussion s'ils n'ont pas eu le temps de s'y préparer ? Donnez-leur la possibilité de consulter leurs dossiers, de recueillir les informations pertinentes auprès de leurs propres collaborateurs et, tout simplement, de se préparer mentalement à la discussion.

Surtout, communiquez, dès le départ, les règles du jeu. S'agit-il d'une simple « réunion d'information » où vous n'attendez aucune contribution des participants ? D'une « réunion de consultation » au cours de laquelle vous allez solliciter leurs réactions et commentaires pour alimenter votre propre réflexion ? Ou d'une « réunion de décision » pendant laquelle ils devront se compromettre et voter sur le choix ou la pertinence d'un changement au fonctionnement de l'équipe.

Vous avez le droit de tenir les trois sortes de réunions. Il arrive que vous deviez transmettre une décision prise aux plus hauts niveaux de l'entreprise sans que vous ne puissiez rien en modifier. Ou que vous souhaitiez consulter les participants sur la façon d'appliquer cette décision déjà prise ou sur les différents aspects de la décision que vous devrez prendre par la suite. Il n'y a aucun mal à ce qu'une réunion ne mène pas à une prise de décision. Mais il serait malsain que la consultation soit présentée ou comprise de telle sorte qu'elle semble menée à une décision et que l'on apprenne, quelque temps après que, dans l'esprit du cadre, cela n'avait jamais été le cas, car on ne consacre à se préparer à une réunion de consultation, ni le même temps ni les mêmes énergies, qu'à une réunion de décision.

Si vous mettez en scène une réunion de décision, n'oubliez pas de fournir aux participants les informations dont ils ont besoin pour contribuer, en toute connaissance de cause, à cette décision, car il n'y a rien de plus facile que d'obtenir un accord sur une décision en ne fournissant que les informations qui nous conviennent.

Certes, il faut faire preuve d'une grande confiance en soi pour laisser les autres prendre une décision que l'on pourrait se réserver. Mais, quand on réussit à se convaincre de le faire, l'effort d'implantation de cette décision est déjà à moitié réalisé par ceux qui y ont contribué.

Une conférence est une réunion au cours de laquelle une quinzaine de personnes parlent, des heures durant, des choses qu'elles devraient être en train de faire.
— JEAN DELACOUR

36. *FAIRE* DONNER LE TEMPS AU TEMPS

Vous l'entendez dire et répéter : il faut que l'entreprise soit réactive pour faire face à la concurrence. Il vous faut donc être, vous aussi, « réactif ». Il semblerait, évidemment, que pour être réactif, il faille réagir rapidement. Celui qui ne sera pas le premier à réagir risque d'être le premier à… partir. « Si vous voulez garder votre poste, ne prenez pas trop de temps à réfléchir et à planifier vos réponses aux défis et aux questions qui vous sont posés. » Le croyez-vous vraiment ?

Tout pouvoir humain est un composé de patience et de temps. Les gens puissants veulent et veillent.

— HONORÉ DE BALZAC

On oublie ainsi une loi fondamentale : la réaction est à la mesure de l'action qui la provoque. À quoi vous demande-t-on de réagir ? À quel rythme s'est développée la situation à laquelle vous devez maintenant répondre ? Est-ce un événement subit dont les effets se font sentir abruptement ? Votre entreprise ou votre équipe ne peuvent-elles vivre avec ces effets encore quelques heures ou quelques jours sans mettre en péril leur survie ?

En fait, il y a peu de situations qui exigent une réaction immédiate. S'il se produit une brèche dans vos procédures, vous pouvez la colmater temporairement par des mesures ponctuelles. Mais donnez-vous le temps de trouver des solutions à plus long terme. Consultez vos collaborateurs, vos collègues. Cherchez de l'inspiration auprès de vos réseaux de contacts dans la profession ou dans le milieu où vous travaillez.

« Le temps fait bien les choses. » Avec le temps, la crise qui semble solliciter une intervention énergique n'est probablement pas aussi dramatique qu'on pourrait le croire. Certains avaient peut-être intérêt à crier « au loup » dans l'espoir qu'on leur fournirait alors des armes pour lutter contre la bête dont ils exagéraient sciemment la méchanceté. Que vont-ils faire avec ces armes, ces nouveaux mandats ou ces ressources additionnelles que vous leur confiez avant d'avoir pris le temps d'en vérifier l'absolue nécessité?

Vous pouvez vous-mêmes tomber dans ce piège. Vous venez d'apprendre ou de voir que l'on utilise, ailleurs, une procédure différente ou une technologie nouvelle. Vous êtes excité par l'idée de l'implanter chez vous, car cette nouveauté apparaît comme une façon de régler différents irritants qui vous ennuient depuis un certain temps. Vous montez alors un dossier. Vous faites des démarches auprès des fournisseurs ou des experts. Vous tentez de convaincre vos supérieurs de l'urgence de procéder à ce changement.

Prenez une grande inspiration! Donnez-vous le temps de consulter. Le temps d'en parler avec vos collaborateurs, d'entendre l'opinion de vos collègues. Le temps de laisser mûrir votre idée «géniale». Votre entreprise et votre équipe vont continuer à fonctionner malgré tout. La solution miracle que vous êtes tenté d'imposer n'est peut-être pas vue de la même façon par ceux qui vous entourent. Mais, si vous leur laissez le temps d'y penser, on peut espérer qu'ils finiront par accepter vos arguments ou les modifier pour atteindre le même résultat.

Vous êtes pressés de concrétiser votre nouvelle idée. Mais si vous compressez le temps de son acceptation et de son implantation par vos collaborateurs et vos collègues, vous risquez de lui imposer, devant vos supérieurs, une obligation de résultat qu'elle ne sera peut-être pas capable de relever. Si elle ne répond pas aux attentes que vous avez annoncées, sa remise en question risque d'entraîner celle de votre propre crédibilité.

On ne peut oublier le temps qu'en s'en servant.
— CHARLES BAUDELAIRE

37. *FAIRE* CHANGER DE COSTUME !
LE RETOUR À ZÉRO

Nous sommes confrontés en tant que cadre à proposer toutes sortes de solutions. Que faire lorsqu'on vous demande de trouver une solution à un problème et que, malheureusement, les idées ne vous viennent pas ?

Fréquemment, le succès d'une telle réflexion dépend de votre capacité à se séparer du problème et à le regarder d'une autre façon. Changer de costume ! Le temps d'un instant, faites semblant d'incarner le rôle d'un journaliste qui doit écrire une critique par rapport au problème. Qu'écririez-vous ?

Une autre façon de modifier votre regard est d'examiner le problème en « recommençant à zéro ». Posez-vous les questions suivantes : Que feriez-vous si vous aviez à refaire le tout ? Que feriez-vous si vous « recommenciez à zéro » ?

Nous sommes tous confrontés à un vécu, à une éducation, à des règles qui sont indispensables afin de vivre adéquatement en société. Mais ce vécu, ce bagage nous empêchent quelquefois de « voir ». C'est ce que l'on appelle les « paradigmes ».

Dans ces façons d'aborder le problème, en répondant à ces questions, un paradigme, une façon de voir le monde, vous mènera vers un début de solution. Il vous restera à la développer.

> *La vraie nouveauté naît toujours*
> *dans le retour aux sources.*
> — EDGAR MORIN

38. *FAIRE* CHOISIR SES CONSULTANTS

Parfois un acteur a besoin d'une aide pour se sortir d'un trou de mémoire, soit à la première représentation d'une nouvelle pièce… ou à la trentième représentation d'une pièce que l'on croyait bien rodée. Il y a la nervosité de livrer un nouveau texte ou une distraction causée par le mouvement inhabituel d'un autre acteur. Ou peut-être un bruit insolite venant de la salle ou un souvenir étranger à la pièce qui s'impose subitement à son esprit. Il lui suffit alors que le souffleur lui indique les premiers mots de sa réplique pour qu'il soit remis sur le chemin de son personnage.

Vous avez aussi vos souffleurs. Ce sont les consultants qui viennent remplir un mandat précis dans votre entreprise. Ils apportent une expertise différente de la vôtre. Au théâtre, le souffleur dispose de l'ensemble du texte de la pièce, mais il n'a pas, comme les acteurs, la responsabilité de l'interpréter. Les consultants ont une vue générale de leur domaine de spécialité et des pratiques observées dans les autres entreprises : ils n'ont pas, comme vous, un vécu de l'entreprise. C'est la rencontre de cette vue générale avec votre vécu qui peut vous aider à retrouver le chemin d'une productivité mise en péril par un trou organisationnel de nature humaine ou technique... ou qui peut revoir avec vous le texte de vos différentes scènes et vous suggérer des instruments ou des méthodes pour faire le pont au-dessus des passages plus susceptibles de se creuser sous vos pieds.

L'entrée de ces consultants-souffleurs dans votre vie de cadre peut se faire de plusieurs façons.

C'est la direction de l'entreprise qui invite un consultant à venir jeter un regard extérieur sur les processus utilisés. Il fera le tour des cadres pour connaître leurs points de vue et leurs activités. Puis il déposera un rapport recommandant les améliorations qui pourraient être apportées. À moins que la direction ne vous ait fait, dans de précédentes occasions, la démonstration d'une imposition sauvage de telles recommandations, vous pouvez considérer le consultant comme un allié. S'il est compétent (ce qui, malheureusement, n'est pas toujours le cas), il reprendra, en les appuyant de son expertise, vos observations. Comme un psychologue qui veut aider son client, il sait bien qu'il doit d'abord écouter ce que vous avez à dire, car nul ne sait aussi bien ce qui se passe chez vous... que vous ! Vous devez vous préparer à la rencontre avec ce consultant en regroupant les documents et les réflexions qui pourront lui faciliter la tâche.

En d'autres cas, vous serez vous aussi amené à engager un consultant pour vous fournir une expertise ponctuelle sur une solution technique à un problème que vous rencontrez pour la première fois. Il faut que le mandat soit clair, autant dans ses objectifs que dans sa durée, car le consultant ne peut avoir qu'un seul objectif : s'incruster dans l'entreprise qui lui ouvre temporairement ses portes.

Ne nous le cachons pas. Il arrivera que vous engagiez ce consultant pour un objectif secondaire : celui d'obtenir un aval « impartial » pour un choix que vous avez déjà fait, mais que vous jugez difficile à faire accepter par vos supérieurs. Ces derniers ne seront probablement pas dupes du procédé, mais ils se réjouiront d'avoir un argument supplémentaire... pour vous faire confiance.

Les acteurs sont rassurés de pouvoir compter sur un souffleur. Cela réduit, pour eux, l'anxiété causée par les risques d'un trou de mémoire. C'est souvent cette anxiété qui cause ce trou de mémoire. En fait, le souffleur n'a qu'un rôle : celui de faire qu'on n'ait pas besoin de lui ! Ainsi, les recommandations générales d'un consultant servent surtout à faire qu'on n'ait pas besoin de son intervention urgente pour faire face à un « trou » imprévu.

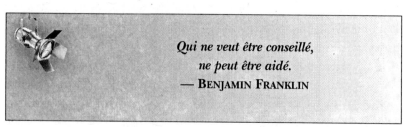

Qui ne veut être conseillé,
ne peut être aidé.
— BENJAMIN FRANKLIN

39. *FAIRE* ENTRE LES RÉUNIONS : UN INSTRUMENT DE GESTION CONTINUE

La « GpS » (grille de positionnement stratégique) : une pièce de théâtre avec orchestre !

NOTE : Nous avons intentionnellement choisi trois lettres qui font partie du vocabulaire quotidien de tous ceux qui cherchent à s'orienter sur la route, tout comme cet instrument permettra aux membres de votre équipe de s'orienter dans leur programme de travail. La nuance ? Comme il s'agit d'UNE grille, nous utilisons LA GpS (au féminin) pour différencier cet instrument collectif de gestion de celui que vous utilisez dans votre voiture ou... sur votre vélo. Nous avons présenté cet instrument, pour la première fois, dans un magazine allemand de gestion des communications publié en anglais. Nous utilisions alors le terme «DyRep» pour «Dynamic Reporting» mettant alors l'accent sur l'aspect interactif de l'opération.

Qu'est-ce que la GpS?

Tel l'orchestre d'une pièce de théâtre, cette grille interprète la musique qui se joue continuellement en arrière-plan de la scène. Il enveloppe de sa symphonie le rythme de chaque employé, il établit continuellement le positionnement et la cadence du travail qui se régularise selon l'évolution de la pièce.

Le succès de la gestion dépend de la capacité à mettre en place un mécanisme de contrôle des activités entre les membres des équipes en tenant compte des objectifs de l'entreprise. Nous vous proposons ici un instrument de «coordination continue» que nous appelons «GpS».

C'est un document dans lequel chacun des membres de l'équipe, incluant le cadre, affiche par lui-même, en quelques lignes, l'état des différentes activités dont il est responsable. Ce «positionnement» fait l'objet d'une mise à jour continuelle à la fois par les membres impliqués et d'ajouts ou suggestions apportés par les autres membres. Le cadre, et ses collaborateurs, peuvent donc, chaque jour, constater les progrès dans les différentes activités de l'équipe.

Notez bien que cet instrument s'applique difficilement dans un contexte de production pour lequel les tâches sont répétitives.

La GpS oblige les personnes à rendre des comptes, par elles-mêmes. Elles doivent « s'auto-prospecter » et s'obliger à réévaluer leurs positions selon les objectifs de l'équipe. Telle la musique dans un orchestre, un musicien s'oblige à rendre la bonne note et ainsi jouer continuellement en positionnant et en maîtrisant ses partitions, car il sait très bien qu'il ne peut cacher très longtemps ses fausses notes !

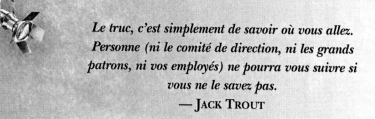

Le truc, c'est simplement de savoir où vous allez. Personne (ni le comité de direction, ni les grands patrons, ni vos employés) ne pourra vous suivre si vous ne le savez pas.

— JACK TROUT

La GpS donne lieu, de façon périodique (hebdo ou bi mensuelle) à une réunion. Jusqu'à ce «point d'arrêt», le portrait des activités reste fluide et évolutif. Il est soumis aux mises à jour continuelles de chacun. Lors de cette réunion, le cadre oblige les membres de son équipe à faire le point. Ces derniers savent qu'ils devront justifier, à leurs collègues et à leur cadre, l'état de leurs travaux. Cette obligation ne dépend pas d'une préoccupation soudaine ou arbitraire du cadre ou de l'expression d'un doute sur la performance de l'employé. C'est un processus continuel de mise à jour, avec des fixations périodiques, amenant chacun à autogérer son programme de travail.

La GpS est un processus de gestion qui s'adapte très bien à la plupart des équipes d'une entreprise. La permanence électronique d'un tableau évolutif des occupations des employés rassure le cadre tout en donnant aux personnes l'occasion de prendre conscience des relâchements ou des délinquances apportées à leur programme de travail. Ce tableau électronique témoigne, par ailleurs, du niveau de vitalité de l'équipe en permettant à chacun des employés de rester en contact avec les activités de ses collègues, soit par l'information que ceux-ci en donnent, soit par les suggestions et rappels qu'il peut lui-même leur apporter.

Telle la musique dans une pièce, la GpS « rythme » les interactions entre les activités et, selon la mélodie, donne le ton à la scène en supportant les objectifs de chaque rôle.

Cet instrument de coordination mise sur les « valeurs professionnelles » des employés. Il met en valeur, de façon continue, ce qui a « été fait » et ce qui est « à faire ». Cette dynamique amène l'employé à une prise de conscience perpétuelle et l'appelle à minimiser les écarts de focus dus aux interruptions causées par la diversité des stimuli de son environnement et les faiblesses propres à sa nature humaine.

Il évite les pièges des microcontrôles tatillons portant sur chacune des opérations et créant les conditions d'une paranoïa qui sclérose les initiatives et ralentit les processus. Le cadre peut ainsi signaler (« flagger » en langage informatique), dans toutes les activités, les indices de délinquance, et les travailleurs, éviter d'émettre de tels indices ou de produire des éléments qui pourraient être pris pour de tels indices. Il mise plutôt sur la collaboration permanente des employés dans le maintien d'une vision commune s'exprimant dans un agenda commun.

Un bon système organisationnel tient dans la constance et non dans la perfection, on fait du mieux qu'on peut au moment de sa création et on continue à le peaufiner au fil des jours au lieu de l'abandonner. La clé, c'est de prendre quelques minutes pour réfléchir à nos besoins et de rendre la chose le plus simple possible.
— ROXANNE SAULNIER

Comment fonctionne la « GpS » ?

Orchestrer nos scènes en acte : *la GpS*

Également, voir en annexe le 3ᵉ rappel :
« Exemple de présentation de la GpS aux employés ».

Buts

- Savoir où l'on va (notre positionnement).

- Obliger les personnes à se positionner dans leurs activités, à rendre des comptes, à s'auto-organiser de façon périodique.

- Être autoperformant, minimiser les pertes de temps occasionnées par un surinvestissement dans les choses que l'on aime faire, ou des choses non reliées à l'entreprise.

- Prise de conscience de leurs priorités.

- Les obliger à orienter leurs temps vers ces priorités.

- Les automotiver vers l'atteinte des résultats pour l'entreprise (pas pour un quelconque objectif personnel).

- Valoriser la discussion ouverte d'idées ou opinions en mettant l'accent sur les sujets plutôt que sur les personnes.

Comment

1) Préparation des documents

- Utiliser un document par employé.

- Ces documents demeurent accessibles par tous.

- Pour chaque employé, identifier les grandes lignes pour lesquelles l'on veut effectuer un suivi. (statut des projets, objectifs annuels de l'employé, idées, tâches, problèmes à partager, échange d'informations, etc…).

- Le format est flexible (l'important c'est le fond, pas la forme).

- Télégraphique (pas de roman).

- Demander à chaque employé de remplir ses sections (le supérieur inclus !).

- En tant que supérieur, réviser et y ajouter vos commentaires, attentes, etc... :

2) Préparation de la réunion de positionnement

- Établir une fréquence de rencontre adéquate pour votre environnement (1 fois la semaine, aux 2 semaines, 1 fois par mois, etc...).

- Quelques jours avant chaque réunion, rappeler aux participants (impliquant vous-même) de mettre à jour leur section du document.

3) Après chaque réunion

- Effectuer une copie des documents pour ses archives. Ceci permettra de conserver l'évolution des actions accomplies.

4) Entre les réunions

- Une fois les étapes précédentes effectuées, puisqu'il s'agit de documents accessibles par tous, il est important que le personnel (vous incluant!) développe l'habitude de les mettre à jour « en continu », au moment où il y a une information à communiquer ou à partager.

- Puisque la fréquence des rencontres est périodique, il est plus difficile de se rappeler de certaines informations à diffuser si on ne les a pas inscrites au moment où elles se sont présentées.

Un exemple de la « GpS » est présenté à la page suivante.

Grille de positionnement stratégique (GpS)

Date :
Responsable :

Activités / projets « terminés »

Activités	Projets
Démonstration de faisabilité	Diffusion
Demande #1030	n/a
Analyse préliminaire	Abonnement
Etc.	

Activités / projets « en cours »

Activités	Projets	Livraison
Préparation des tableaux de bord	Feuille de temps	4 prochains jours
Demande #1045 en cours de programmation	n/a	
Rencontre du fournisseur X	Réception	
Etc.		

Activités / projets « à venir »

Activités	Projets	Prévision
Renouvellement des abonnements	ERP	Novembre
Présentation du projet « Web Mobile » : le 24 sept.	n/a	17 septembre
Révision des programmes de transfert des données		Décembre
Etc.		

Échange d'information

- J'ai assisté à un midi-conférence dont le sujet est l'environnement des cadres.
- J'ai débuté la lecture d'un livre très intéressant « Le cadre des Cadres ».
- Congé parental de Untel débutera le 3 juillet pour 5 semaines.

Divers

- Demande de formation de EmployéA et EmployéB (5 jours).
- Demande de congé semaine du 7 septembre.
- Classement des dossiers situés à l'étage.

À venir

- Renouvellement des abonnements.
- Présentation du plan directeur : le 24 septembre.
- Révision des budgets.

En Vigie

- Utilisation par un compétiteur d'une nouvelle approche de production.

Rappel des objectifs annuels

Objectifs et attentes (20_x-20_y)	Date de livraison	Statut
1. Projet A		
Résultats attendus		
Rapport d'analyse complété	septembre	Livré le 12 mai
2. Projet B		
Résultats attendus		
Application fonctionnelle	octobre	En cours
3. Projet C		
Résultats attendus		
Étude d'opportunité	mars	À débuter
4. Etc.		
Résultats attendus		
	À déterminer	En attente

CONCLUSION

Les dernières pages d'un ouvrage présentent habituellement une conclusion dans laquelle les auteurs annoncent la fin de leur exposé. Mais c'est plutôt une introduction que nous aurions envie d'écrire, car le travail d'un cadre n'est jamais terminé. Même quand il sort de scène et revêt un autre rôle, il sait qu'il devra y revenir et poursuivre la pièce dont on lui a confié la responsabilité. Notre but était de vous « introduire » dans une nouvelle façon de vivre ce premier rôle.

Nous sommes fort conscients que certaines de nos suggestions vous demanderont un temps de réflexion et d'adaptation. Le texte que vous venez de lire ne pourra vraiment prendre tout son sens qu'au moment où vous serez confrontés à des situations qui réfèrent à l'un ou l'autre de ses éléments. Il sera comme un ami qui accompagnera chacune de vos répliques.

C'est pourquoi nous vous offrons, à la fin de cette première lecture, un tableau de références aux différentes actions qui composent votre personnage. Nous vous présentons une liste de celles-ci avec le numéro des sections auxquelles vous pourriez retourner pour revoir nos suggestions.

Nous invitons le lecteur à nous retrouver sur notre page Facebook :
« Le cadre des cadres ».

1er RAPPEL : POUR FAIRE DURER LE PLAISIR

Le travail du cadre pourrait se décliner de la façon suivante :

Le cadre gère

- S'assure que le travail de son groupe est effectué de façon efficace : chapitres 9, 10, 11, 39.

- S'assure que les problèmes soient réglés : chapitres 7, 8, 9, 22.

- Planifie, révise et approuve les événements récurrents (budgets, appels d'offres, factures à payer, renouvellements de contrat, etc...) : chapitres 4, 5, 26.

Le cadre veille

- C'est un concentrateur d'information. Considère, sélectionne, étudie l'information à retenir pour l'entreprise (les yeux de l'entreprise) : chapitres 1, 16, 22, 38.

- Se maintient à jour dans son domaine d'activité et s'intéresse aux disciplines connexes à son entreprise : chapitres 15, 27, 37.

Le cadre communique

- Assure une vue d'ensemble des interactions : chapitres 11, 13, 14, 15, 28, 29, 35, 39.

- Informe son entourage (supérieurs, collègues, employés) : chapitres 19, 31, 32, 33, 34, 39.

Le cadre décide

- Décide de l'orientation des événements ayant un impact pour son secteur ou pour l'entreprise : chapitres 10, 17, 18, 21, 22, 24, 25, 30, 38.

- Approuve les actions à prendre lors des événements « inattendus » ou lors des crises : chapitres 7, 8, 9, 22, 36.

2ᵉ RAPPEL : LE JOGGING DES CADRES

Une petite course quotidienne à travers votre vie de cadre

Échauffement

- Pouvez-vous apprécier le chemin parcouru ?
- Êtes-vous toujours convaincu que l'interprétation de votre rôle contribue aux objectifs de l'entreprise ?
- Respectez-vous toujours le déroulement de la pièce conçue par l'entreprise ?

Respiration

- N'oubliez pas que si le rôle de vos employés est « spécialisé », le vôtre les embrasse toutes. Les laissez-vous respirer ?
- Prenez-vous le temps
  - de leur témoigner de la reconnaissance ?
  - de leur apprendre à, d'abord, discuter d'un problème avec leur interlocuteur ?
  - de bien évaluer la nécessité de vous engager dans la séquence médiateur/négociateur/arbitre ?
  - de régler un problème avec un employé (ou un collègue) avant de le partager ?
  - de faire un « travail de coulisse » pour vendre vos idées ?
  - de trouver des moyens pour obliger vos collaborateurs à rendre des comptes, à s'auto-organiser de façon périodique ?
  - d'imaginer ce que les autres pensent ou vont penser (déduisent ou vont déduire) de votre comportement, de votre attitude, de vos paroles ?
- Leur laissez-vous le temps
  - de s'approprier votre projet ?
  - de dire leurs répliques, de donner leurs opinions ?

   – de vous apporter leurs problèmes?

   – de préparer leurs réponses, leurs explications, leurs suggestions?

• Certes, votre temps est précieux. Celui de vos employés l'est aussi.

Étirement

• Arrivez-vous

   – à vous laisser porter par les vagues... sans vous laisser emporter par elles?

   – à réévaluer le rythme de vos actions pour économiser vos énergies... et les rentabiliser?

   – à bien identifier la zone de complicité et la zone de respect entre vous, vos employés, vos collègues et votre supérieur?

   – à faire, dans chacune de vos actions, la différence entre un ami, un collègue, un complice, un collaborateur?

   – à prévoir les effets à long terme d'une «bataille»?

   – à sortir de la routine pour imaginer des «changements»?

• Le respect signifie l'acceptation du rôle de celui que l'on respecte.

Récupération

• Avez-vous, AUJOURD'HUI, réservé du temps

   – pour planifier votre travail?

   – pour revoir les «règles du jeu»?

   – pour revoir la pertinence et la portée des informations que vous avez distribuées?

   – pour vos autres rôles?

3ᵉ RAPPEL : LA GPS

Exemple de présentation
de la Grille de positionnement Stratégique aux employés

Entre les réunions : un instrument de positionnement continu la « GpS » (Grille de positionnement Stratégique)

NOTE : Nous avons intentionnellement choisi trois lettres qui font partie du vocabulaire quotidien de tous ceux qui cherchent à s'orienter sur la route, tout comme cet instrument permettra aux membres d'une équipe de s'orienter dans leur programme de travail. La nuance ? Comme il s'agit d'une grille, nous utilisons « La GpS » (au féminin) pour différencier cet instrument collectif de positionnement de celui que vous utilisez dans votre voiture ou… sur votre vélo.

Qu'est-ce que la GpS ?

C'est un document dans lequel chacun des membres de l'équipe, incluant le responsable, affiche par lui-même, en quelques lignes, l'état des différentes activités dont il est responsable. Ce « positionnement » fait l'objet d'une mise à jour continuelle à la fois par les membres impliqués et d'ajouts ou suggestions apportés par les autres membres. Les membres de l'équipe peuvent donc, chaque jour, constater les progrès dans les différentes activités de l'équipe.

Notez bien que cet instrument s'applique difficilement dans un contexte pour lequel les activités sont répétitives.

La GpS vous demande d'établir votre positionnement, par vous-même. Vous devez vous « autoprospecter » et vous obliger à réévaluer votre position selon les objectifs qui vous sont attribués.

La GpS donne lieu, de façon périodique (hebdo ou bi mensuelle) à une réunion. Jusqu'à ce « point d'arrêt », le portrait des activités reste fluide et évolutif. Il est soumis aux mises à jour continuelles de chacun. À ce moment-là, lors de cette réunion, le supérieur vous demande de faire le point. Vous savez que vous devrez positionner, à vos collègues et à votre supérieur, l'état de l'évolution de vos projets.

Cette obligation ne dépend pas d'une préoccupation soudaine ou arbitraire du supérieur ou de l'expression d'un doute sur la performance d'un membre de l'équipe. C'est un processus continuel de mise à jour, avec des fixations périodiques, amenant chacun à autogérer ses activités et le travail y étant associé.

La GpS est un processus de gestion qui s'adapte très bien à la plupart des équipes d'une entreprise. La permanence électronique d'un tableau évolutif sur votre positionnement vous donne l'occasion de prendre conscience des problématiques ou des ajustements à apporter à vos activités. Ce tableau électronique témoigne, par ailleurs, du niveau de vitalité de l'équipe en permettant à chacun des employés de rester en contact avec les activités de ses collègues, soit par l'information que vous donnez, soit par les suggestions et rappels que ce tableau peut vous apporter.

Cet instrument de coordination mise sur vos «valeurs professionnelles». Il met en valeur, de façon continue, ce qui a «été fait» et ce qui est «à faire». Cette dynamique vous amène à une prise de conscience perpétuelle et vous interpelle à minimiser les écarts dus aux interruptions causées par la diversité des stimuli de votre environnement.

La GpS permet d'éviter les pièges des microcontrôles tatillons portant sur chacune de vos opérations. Il mise plutôt sur votre collaboration permanente dans le maintien d'une vision commune s'exprimant dans un agenda commun.

Comment fonctionne la « GpS » ?

Buts

- Savoir où l'on va (notre positionnement).

- Se positionner dans nos activités, s'encourager à s'auto-organiser de façon périodique.

- Prendre conscience de ses priorités.

- Orienter notre temps vers ces priorités.

- Valoriser la discussion ouverte d'idées ou opinions en mettant l'accent sur les sujets plutôt que sur les personnes.

- S'automotiver vers l'atteinte des résultats de l'entreprise (pas pour un quelconque objectif personnel).

- Être autoperformant, minimiser les pertes de temps occasionnées par un surinvestissement dans les choses que l'on aime faire, ou des choses non reliées à l'entreprise.

Comment *(voir l'exemple aux pages 102 et 103)*

1) Préparation des documents

- Chacun des membres de l'équipe prépare un document électronique.

- Ces documents demeurent accessibles par tous.

- Pour chaque membre, identifier les grandes lignes (les objectifs) pour lesquelles l'on veut effectuer un positionnement. (statut des projets, objectifs annuels, idées, tâches, problèmes à partager, échange d'informations, etc.)

- Le format est flexible (l'important c'est le fond, pas la forme).

- Télégraphique (pas de roman).

- Chaque membre remplit sa section.

- Le supérieur révise et y ajoute ses commentaires, attentes, etc.

2) Préparation de la réunion de positionnement

- Établir une fréquence de rencontre adéquate pour votre environnement (1 fois la semaine, aux 2 semaines, 1 fois par mois, etc.).

- Quelques jours avant chaque réunion, le supérieur vous rappelle de mettre à jour votre section du document.

3) Après chaque réunion

- Effectuer une copie des documents pour ses archives. Ceci permettra de conserver l'évolution des actions accomplies et du chemin parcouru.

4) Entre les réunions

- Une fois les étapes précédentes effectuées, puisqu'il s'agit de documents accessibles par tous, il est important que vous développiez l'habitude de les mettre à jour « en continu », au moment où il y a une information à communiquer ou à partager.

- Puisque la fréquence des rencontres est périodique, il est plus difficile de se souvenir de certaines informations à diffuser si on ne les a pas inscrites au moment où elles se sont présentées.

· Achevé d'imprimer en mai 2011
sur les presses numériques de
umen I digital, à Montréal